イメージ記憶でスイスイ覚える

ゆる語訳 古文単語

東進ハイスクール講師
富井健二 監修

Gakken

本書の特長と使い方

「古文単語が全然覚えられない！」
「ひとつの単語で全く違う意味を表す場合があって混乱する……」
「そもそもどんな意味なのかイマイチわかってない」
古文単語の学習をしているなかで、
こんな悩みを抱える人は多いのではないでしょうか？
本書では、古文単語に、
ニュアンスを一言で大つかみできる
カジュアルな現代語訳（＝ゆる語訳）や、
記憶に残りやすいイメージイラストを添えています。
「ゆる語訳」をとっかかりとして、
それぞれの古文単語がもつ複数の意味を、
無理なく引き出すことができます。
短時間で楽しく古文単語をマスターしましょう。

#恋愛・結婚

2 シーンで覚える136語

178 いろ ［色］ 名 ①恋愛。②恋人。

179 うつろふ ［移ろふ］ 動ハ四 ①色あせる。②心変わりをする。

180 あだなり ［徒なり］ 形動ナリ ①はかない。②浮気だ。

181 しのぶ ［偲ぶ］ 動バ四 動バ上二 ①慕う。②賞賛する。

Point
179「うつろふ」の関連語として「うつる［移る］動ラ四（＝①色あせる ②心が変わる）」も覚えておこう。また、180「あだなり」と同じ漢字を使った「あだあだし［徒徒し］形シク」は「浮気だ」という意味。

136

サブページ

セットやグループで理解したい単語については、左のようにまとめて掲載している。
＃のグルーピングを参考にしながら、一気に覚えよう。

イメージイラスト
単語のニュアンスをイラスト化。ゆる語訳とセットで記憶しよう。

見出し語
漢字・品詞もしっかりチェックしよう。

メインページ

Point
各単語のニュアンスや使われ方を詳しく解説。

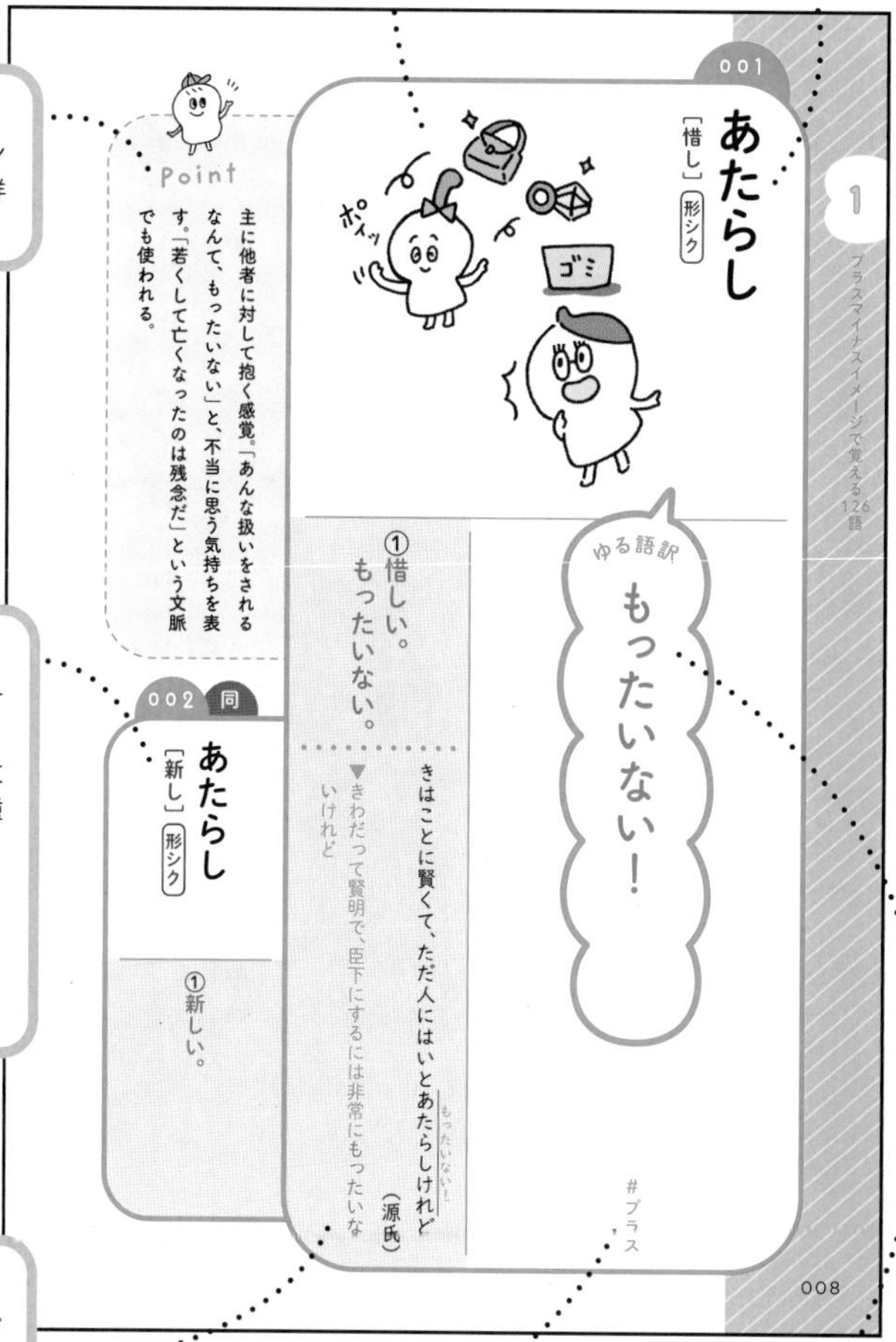

001
あたらし
[惜し]
形シク
ポイッ
ゴミ
1
プラスマイナスイメージで覚える126語
Point
主に他者に対して抱く感覚。「あんな扱いをされるなんて、もったいない」と、不当に思う気持ちを表す。「若くして亡くなったのは残念だ」という文脈でも使われる。
ゆる語訳
もったいない!
①惜しい。もったいない。
きはことに賢くて、ただ人にはいとあたらしけれど《もったいない!》(源氏)
▼きわだって賢明で、臣下にするには非常にもったいないけれど
#プラス
002 同
あたらし
[新し]
形シク
①新しい。
008

関連語
見出し語と関連する単語。
番号のとなりの文字は、関連語の種類を示す。

関＝関連語
同＝同訓異字
対＝対義語
類＝類義語

意味・例文
ゆる語訳とつなげながら、実際の使われ方を理解しよう。

ハッシュタグ
覚えやすいように、各単語を意味やシーンで分類。

ゆる語訳
単語の意味を横断的にカバーする、カジュアルな現代語訳。

もくじ

品詞のアイコン例

- 形ク ＝形容詞のク活用
- 形シク ＝形容詞のシク活用
- 形動ナリ ＝形容動詞のナリ活用
- 名 ＝名詞
- 動ラ四 ＝動詞のラ行四段活用
- 副 ＝副詞
- 連体 ＝連体詞
- 接続 ＝接続詞
- 感動 ＝感動詞
- 助動 ＝助動詞
- 代 ＝代名詞
- 接尾 ＝接尾語
- 連 ＝連語
- 語幹 ＝活用語の語幹

出典の略称一覧

- （伊勢）＝伊勢《いせ》物語《ものがたり》
- （一代男）＝好色一代男
- （宇治）＝宇治拾遺物語
- （鶉衣）＝鶉衣《うずらごろも》
- （宇津保）＝宇津保物語
- （栄花）＝栄花物語
- （大鏡）＝大鏡
- （奥の細道）＝奥の細道
- （落窪）＝落窪《おちくぼ》物語《ものがたり》
- （蜻蛉）＝蜻蛉《かげろう》日記《にっき》
- （金葉）＝金葉和歌集
- （源氏）＝源氏物語
- （古今）＝古今和歌集
- （後拾遺）＝後拾遺和歌集
- （後撰）＝後撰《ごせん》和歌集《わかしゅう》
- （今昔）＝今昔物語集
- （更級）＝更級《さらしな》日記《にっき》

- （十訓）＝十訓抄《じっきんしょう》
- （沙石）＝沙石集《しゃせきしゅう》
- （新古今）＝新古今和歌集
- （竹取）＝竹取物語
- （堤）＝堤中納言物語
- （徒然）＝徒然草《つれづれぐさ》
- （土佐）＝土佐日記
- （野ざらし）＝野ざらし紀行
- （羽衣）＝羽衣
- （風俗文選）＝風俗文選
- （平家）＝平家物語
- （方丈）＝方丈記
- （枕）＝枕草子
- （増鏡）＝増鏡
- （万葉）＝万葉集
- （紫）＝紫式部日記
- （大和）＝大和物語

キャラクター紹介

ゆるお

おしゃれで野心家の兄。
ゆるこにデレデレ。

ゆるみ

真面目でしっかりものの姉。
少し不器用な一面も。

ゆるた

やんちゃで純粋な弟。
天才肌で芸術的センスも抜群。

ゆるこ

甘えん坊でミーハーな妹。
細かいことは気にしない。

第1章

＋《プラス》−《マイナス》イメージで覚える126語

001

あたらし

［惜し］ 形シク

ゆる語訳

もったいない！

#プラス

①惜しい。もったいない。

きはことに賢くて、ただ人にはいとあたらしけれ《もったいない！》ど（源氏）

▼きわだって賢明で、臣下にするには非常にもったいないけれど

Point

主に他者に対して抱く感覚。「あんな扱いをされるなんて、もったいない」と、不当に思う気持ちを表す。「若くして亡くなったのは残念だ」という文脈でも使われる。

002 同

あたらし

［新し］ 形シク

①新しい。

003

あらまほし

［有らまほし］ 連 形シク

①【連】あってほしい。

②【形】理想的だ。

少しのことにも先達はあらまほしき《（あったら）サイコーな》ことなり（徒然）

▼ちょっとしたことでも、指導者はあってほしいものである

人はかたち、ありさまの、優れたらんこそあらまほし《サイコーだ》かるべけれ（徒然）

▼人間は容貌や見た目が優れているようなのが、理想的だ

ゆる語訳

サイコー

#プラス

Point

動詞「あり」と希望を表す助動詞「まほし」がくっついた「あってほしい」という意味の連語と、それをもとにした形容詞がある。どちらも【（〇〇だったら）サイコー】という「希望」や「理想」の意味。

関 130

あらまし

名

➔p100

①願望。期待。

②だいたいの様子。あらすじ。

004

ありがたし

［有り難し］ 形ク

ゆる語訳
激レア

#プラス

①めったにない。

②(めったにないくらい)すばらしい。

ありがたき《激レアな》もの。舅《しうと》にほめらるる婿　(枕)

▼めったにないもの。(それは)舅《しゅうと》にほめられる婿

取りためけん用意ありがたし《激レア(ですごい)》　(徒然)

▼前もって準備しておいたのであろうその心づかいは、(めったにないくらい)すばらしい

Point

「有る(=存在すること)が難しい」くらいに珍しいという意味。そのため、①「めったにない」➡②「(めったにないくらい)すばらしい」というふうに、貴重だからこそのすばらしさを表す。古文では①の意味で用いられることが多いので、感謝の意を表す現代語「ありがたい」と混同しないように注意しよう。

005

いまめかし

［今めかし］ 形シク

ゆる語訳

チャラい

①現代風だ。

こよなういまめかしき《チャラい》ものかな （源氏）

▼(この方が)はるかに現代風であることよ

②軽薄だ。

いといまめかしく《チャラく》、身の程に合はず、かたはらいたし （枕）

▼たいそう軽薄で私の身にふさわしくなく、決まり悪く、いたたまれない

#プラス

Point

トレンドを押さえていて現代風であることは、目新しく、華やかに感じる。対義語には、「ふるめかし 形シク（＝古くさい。年寄りくさい）」という言葉がある。ただ、過剰な華やかさは、②の「軽薄」な印象につながってしまう。年配の人が「いまどきの若者は…」と、つい口にしてしまうときのようなイメージ。

006

うしろやすし

［後ろ安し］ 形ク

ゆる語訳

安心だ

①安心だ。安心できる。

うしろやすからむ《安心できる》女などに預けて （蜻蛉）

▼安心できるような女などに預けて

#プラス

Point

漢字を確認すると、「後ろが安心」、つまり後のこと、特に将来のことに不安や心配がないことを表すのだということがわかる。「うしろやすさ 名（=心配がないこと）」も一緒に覚えておこう。

056 対

うしろめたし

［後ろめたし］ 形ク

➔p045

①不安だ。気がかりだ。
②気がとがめる。

007

うるせし

形ク

Point

「頭の中で、うるさいくらいにいろいろと考えている」⬇「頭の回転が速い」⬇「なんでもデキる」というように考えると覚えやすい。古文の世界でも、デキる人はなんでもデキるということかも。

①達者だ。

②利発だ。

御琴の音《ね》は、いとうるせく《デキる感じに》なり（源氏）

▼お琴の音はとても達者になり

然《さ》だに心得ては、うるせき《デキる》奴ぞかし（今昔）

▼それだけわかっているなら、利発なやつだよ

ゆる語訳

デキる

#プラス

類 121

うるさし

形ク

➲p090

①立派だ。行き届いている。

②わずらわしい。面倒だ。不快だ。

008

おとなし

【大人し】 形シク

ゆる語訳

オトナだ

#プラス

①大人らしい。

年のほどよりはいとおとなしく《オトナ》 （紫）

▼年齢のわりにはとても大人らしくて

②思慮分別がある。

いとおとなしう《オトナで》よろづを思ひしづめ （源氏）

▼とても思慮分別があって何事も落ち着いていて

Point

【オトナ】と呼ぶにふさわしい状態であることを表すので、年少者に対しても使用する。そこから②の意味に派生したと考える。今も昔も、真の【オトナ】とは思慮深く分別があるものだと考えられていることがわかる。単に「穏やかで静かである」という意味の現代語「大人しい」と混同しないように注意。「年配だ」と訳す場合もある。

009

おもしろし

［面白し］ 形ク

Point

目の前（↓面）がぱっと明るく（↓白し）なるようなものに対して使う。心が惹《ひ》かれ、晴れやかな気持ちを表す。041「をかし」と比べると、わくわくして楽しむ気持ちが強い。古文の世界では、風流や情緒をとても大切にしていたので、このような気持ちを抱く対象は、現代のように、おどけていて滑稽なものではないことに注意。

① 趣深い。風流だ。

月のいといみじうおもしろき《テンション上がるとき》に　（大和）

▼月がたいそう趣があるときに

② 楽しい。

年の内の節会《せちゑ》どものおもしろく《テンション上がって》興あるを　（源氏）

▼一年のうちの数々の節会の楽しく興味のある様子を

ゆる語訳

テンション上がる

#プラス

010

かしこし

［畏し］ 形ク

ゆる語訳

ビビる

#プラス

①恐れ多い。

帝の御位はいともかしこし《ビビる》（徒然）

▼帝の御位はとても恐れ多い

Point

「畏《かしこ》まる（＝目上の人の前などで謹《つつし》んだ態度をとる）」、「畏怖《いふ》」、「畏敬《いけい》」などの現代語を思い浮かべるとわかりやすい。人智を超えた不思議な力に対して、畏《おそ》れ敬う気持ちを表す。

011 同

かしこし

［賢し］ 形ク

①賢い。
②立派だ。

012

かたじけなし

［忝し・辱し］ 形ク

Point

立場が上の人が、下の立場の人に合わせてくれることに対して、もったいない、恐れ多いという気持ちを表す。「そこまでしてくれてありがたい」というニュアンスが強い。現代では、話し言葉としてはあまり使われないものの、時代劇や漫画などのセリフで出てくることも多い。「ご配慮いただきかたじけなく存じます」といったように、ビジネスシーンで使われることもある。

①もったいない。

かたじけなく《かたじけねぇ…》、きたなげなる所に　（竹取）

▼もったいなくも、（こんな）見苦しいところに

②ありがたい。

かたじけなき《かたじけねぇ…》御心ばへのたぐひなきをたのみにて　（源氏）

▼ありがたい愛情が比べるものがないほど強いのを頼りにして

ゆる語訳

かたじけねぇ…

#プラス

013

かなし

［愛し］ 形シク

ゆる語訳

キュン

#プラス

① いとしい。心が惹《ひ》かれる。

限りなくかなし《キュン》と思ひて

▼このうえなくいとしいと思って

（伊勢）

Point

胸が締めつけられて泣きたくなるような気持ちを表す。泣きたくなるくらいいとしい、という意味をしっかり押さえよう。

014 同

かなし

［悲し・哀し］ 形シク

① 嘆《なげ》かわしい。かわいそうだ。

015

ことなり

［殊なり］ 形動ナリ

ゆる語訳

レベチ

①特別だ。優れている。

かくことなる《レベチ》ことなき人を率《ゐ》ておはして （源氏）

▼このように優れていることもない人を連れておいでになって

#プラス

Point

漢字を確認すると、「特別で、他より優れている」というニュアンスがわかりやすい。「殊《こと》の外」「特殊」「殊勲《しゅくん》」などの現代語を思い浮かべよう。

同 016

ことなり

［異なり］ 形動ナリ

①違っている。

017

こまやかなり

［細やかなり・濃やかなり］ 形動ナリ

#プラス

ゆる語訳
こまかいところまで丁寧！

①心がこもっている。

こまやかに《こまかいところまで丁寧に》書かせ給《たま》へり （源氏）

▼心をこめて丁寧にお書きになっている

②きめこまやかだ。

高麗端《かうらいばし》の、席《むしろ》青うこまやかに《こまかいところまで丁寧で》厚きが （枕）

▼高麗縁《こうらいべり》の畳で、むしろが青くて編み目がきめこまやかで厚いのが

③色が濃い。

鈍色《にびいろ》のこまやかなるが《こまかいところまで(色が)丁寧》、うちなえたるどもを着て （源氏）

▼ねずみ色の色が濃いので着なれてなよなよとなったものを着て

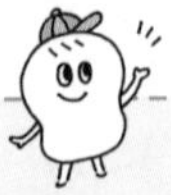

Point

「こまやかなり」は、人間関係の親密さや色の濃さを表すときに使う。特に、細かなところまで丁寧に心をこめている様子を表す。

018 類

こまかなり

［細かなり］ 形動ナリ

①こまごまとしている。
②念入りだ。

019

さうなし

［双無し］ 形ク

Point

「並ぶ」という意味の「双」に「無し」がついた語。他に並ぶものがないくらい、【ダントツ】で優れていることを表す。

①並ぶものがない。

②優れている。

さうなき《ダントツの》庖丁《はうちやう》者なり　（徒然）

▼並ぶものがない料理人である

城《じやうの》陸奥守《むつのかみ》泰盛は、双なき《ダントツの》うまのりなりけり　（徒然）

▼秋田《あきた》城介《じやうのすけ》で陸奥守（を兼ねている）泰盛は、優れた乗馬の名人だった

ゆる語訳

ダントツ

#プラス

同 020

さうなし

［左右無し］ 形ク

①決着がつかない。

②ためらわない。

021

さかし

［賢し］ 形シク

ゆる語訳

しっかりしている

#プラス

①しっかりしている。

あるかぎりさかしき人《しっかりしている》なし （源氏）

▼（そばに）いる者は誰もしっかりしている人はいない

②かしこい。

国の守《かみ》、眼さかしく《しっかりしてい》して （沙石）

▼国守はものの見方がかしこくて

③利口ぶる。

さかしう《しっかりしている（ふりをして）》、やがて末まではあらねどもすべて （枕）

▼利口ぶって、ずっと歌の最後の句まではないのだが

Point

感情に流されない、理性的な判断力をもっている様子。「賢明」「賢者」などの語を思い浮かべながら覚えよう。メインの意味は①・②だが、③「利口ぶる」のようなマイナスイメージも。

011 類

かしこし

［賢し］ 形ク

➔p016

①賢い。
②立派だ。

022

たのし

［楽し］ 形シク

Point

満ち足りている状態を表す言葉。「物が豊富で満ち足りている」⬇①「裕福だ」と、「心が満ち足りている」⬇②「楽しい」、の両方の意味を押さえよう。古文の世界では、衣食住の心配がなく物が豊富で満ち足りた状態になって初めて、心が満ち足りるようになるというのがポイント。ちなみに、「金持ち」のことは「ちゃうじゃ［長者］名」もしくは「とくにん［徳人］名」という。

ゆる語訳

セレブだ

①裕福だ。

堀川相国《ほりかはのしやうこく》は、美男のたのしき《セレブな》人にて（徒然）

▼太政大臣の堀川殿は、美男子で裕福な人であって

②楽しい。

梅を招《を》きつつたのしき《セレブ(だからできること)》終へめ（万葉）

▼梅の花を招《を》き寄せては楽しいことの限りを尽くそう

#プラス

023

つきづきし

［付き付きし］ 形シク

ゆる語訳

ぴったり!

#プラス

① 似つかわしい。

炭もて渡るも、いとつきづきし《ぴったり!》 (枕)

▼炭を持って行くのも、(冬の早朝に)たいそう似つかわしい

Point

【ぴったり!】と合っていて、調和がとれている様子を表す。何に対して【ぴったり!】なのかは省略されている場合が多いので、注意しよう。

024 対

つきなし

［付き無し］ 形ク

① 不似合いだ。

025

なつかし

［懐かし］ 形シク

Point

現代語でも「犬が人になつく」などと使われる動詞「なつく」が形容詞になったもの。対象が【いい感じ！】なので、愛着をもって離れたくないと思う気持ちを表す。

①親しみがもてる。

いみじうなつかしう《いい感じ！で》おはします （枕）

▼とても親しみやすくいらっしゃる

②心が惹《ひ》かれる。

雁《かり》がねの帰り行く天路《あまぢ》を聞けばなつかしや《いい感じ！な》 （羽衣）

▼雁が帰って行く声を空に聞くと、心が惹かれることだ

ゆる語訳

いい感じ！

#プラス

関 026

なつく

［懐く］ 動カ四

①慣れ親しむ。なじむ。

027

ねんごろなり

［懇ろなり］ 形動ナリ

ゆる語訳

熱烈

#プラス

① 熱心だ。丁寧だ。

世俗の虚言《そらごと》を、ねんごろに《熱烈に》信じたるもをこがましく （徒然）

▼世間のうそを、熱心に信じているのもばからしく

② 親しくしている。

ねんごろに《熱烈に》相語《あひ》らひける友だちのもとに （伊勢）

▼親しく交際していた友人のもとに

Point

心をこめる、心をこめて親しくする、といった意味。漢字から、「懇親会」「懇願」などの現代語を思い浮かべて覚えよう。

028 関

ねんごろ

［懇ろ］ 名

① 親しくなること。

029

はかばかし

［果果し］ 形シク

ゆる語訳

ちゃんと

#プラス

① しっかりしている。

とりたててはかばかしき《ちゃんとした》後ろ見しなければ （源氏）

▼特にしっかりした世話役がいないので

② はっきりしている。

空のけしき、はかばかしく《ちゃんと》も見えず （更級）

▼空のようすは、はっきりとは見えない

Point

物事が【ちゃんと】順調にはかどっているという、プラスのイメージ。現代語にも「果果《はかばか》（捗々）しい（＝順調に進んでいる）」という表現がある。「身分が高い」という意味で使われることも。

対 086

はかなし

［果無し］ 形ク

➡p066

① たわいない。幼い。
② つまらない。ちょっとした。
③ 頼りない。

はづかし

［恥づかし］ 形シク

ゆる語訳

こっちが恥ずかしい

#プラス

①立派だ。優れている。

はづかしき《こっちが恥ずかしくなる(くらい立派な)》人の、歌の本末　（枕）

▼立派な人の歌の上の句・下の句(を)

②恥ずかしい。

似げなくはづかし《こっちが恥ずかしい》とおぼいたり　（源氏）

▼似つかわしくなくて恥ずかしいとお思いになっている

Point

①は、「自分が恥ずかしくなってしまうほど立派だ」という意味で、相手をほめる意味になる。古文では①の意味で用いることが多いので注意しよう。現代でも、歌がうますぎる人と一緒にカラオケに行くと、自分が歌うのが気恥ずかしくなってしまうことがあるだろう。そのような感情を捉えて①の意味を理解するようにしよう。

031

まばゆし

［眩し］ 形ク

Point

現代でも古文の世界でも、すばらしい人や美しい人は輝いて見えるもの。相手がまぶしいくらいにすばらしくて見ていられない、それに比べて私は恥ずかしい、という気持ちを表す。

類 030

はづかし

［恥づかし］ 形シク

➲p028

①立派だ。優れている。
②恥ずかしい。

ゆる語訳

ま、まぶしい…

①恥ずかしい。

なかなか昼よりも顕証《けそう》に見えて、まばゆけれど《ま、まぶしい(ので恥ずい)…》　（枕）

▼かえって昼間よりもはっきりと見えて、恥ずかしいが

②美しい。すばらしい。

いとまばゆきまで《ま、まぶしい…》ねびゆく、人のかたちかな　（源氏）

▼とても美しいほどに成長していく、その人の姿であるよ

③まぶしい。

さやけき影をまばゆく《ま、まぶしい…と》思し召しつるほどに　（大鏡）

▼明るくてすがすがしい月の光をまぶしくお思いになっていたときに

#プラス

032

まめなり

［忠実なり・実なり］ 形動ナリ

ゆる語訳

まじめだ

#プラス

①まじめだ。誠実だ。

行ひをまめ《まじめに》にし給《たま》ひつつ （源氏）

▼仏前の勤行をまじめになさっては

②実用的だ。

まめなる《まじめな(使い道がある)》ものさまざまにもて来たり （大和）

▼実用的なものをいろいろと持って来た

Point

「まめ」は「勤勉だ」という、コツコツ継続するイメージ。漢字を確認するとわかりやすい。「まめびと」で「まじめな人」という意味になる。

033 類

まめやかなり

［忠実やかなり・実やかなり］ 形動ナリ

①まじめである。
②実用的だ。

ゆかし

形シク

Point

動詞「行く《ゆ》」が形容詞化したもの。「行きたい！」が「いろいろなことをしたい！」と派生したと考えればＯＫ。心が惹かれるからこそ、そこに行って実際に見てみたいし、実際はどんなものか知りたいし、実際に聞いてみたい、そんな感情を表す。古文の世界の人々は、ネットですぐに調べられる現代に比べて、**【〇〇したい！】**の気持ちがもっと強かったと想像できる。

ゆる語訳

〇〇したい！

#プラス

①見たい。知りたい。聞きたい。

いみじく心もとなく、ゆかしく《読みたい！》おぼゆるままに（更級）

▼とてもじれったく、（源氏物語を）読みたいと思われるので

②心が惹《ひ》かれる。

山路来て何やらゆかし《もっと知りたい！》すみれ草（野ざらし）

▼山路を越えて来て、ふと紫色のすみれの花を見つけ、何とはなしに心が惹かれるよ

035

うつくし

［愛し・美し］ 形シク

ゆる語訳

天使だ…！

#プラス

①かわいらしい。

うつくしき《天使な》もの。瓜《うり》にかきたるちごの顔　（枕）

▼かわいいもの。瓜に描いた子どもの顔

②きれいだ。

色うつくしう《天使のように》もみぢたるを植ゑさせて　（平家）

▼葉の色がきれいに紅葉したのを植えさせて

Point

自分の肉親、幼い者や自分より弱い者が「いとおしい」というのが、もともとの意味。そこから、小さいもの、幼い子などに対して「かわいい」と心惹《ひ》かれる様子を表すようになった。

036 類

をかしげなり

形動ナリ

①かわいらしい。

037

らうたし

［労たし］ 形ク

Point

その人のためなら「苦労」をしてもよいと思うくらい相手がかわいらしい、愛らしいという気持ちと捉える。

ゆる語訳

守ってあげたい…

①かわいらしい。

かい付きて寝たる、いとらうたし《守ってあげたい…》 （枕）

▼しがみついて寝てしまったのは、とてもかわいらしい

#プラス

関 038

らうたげなり

形動ナリ

①かわいらしい。

039

らうらうじ

［労労じ］ 形シク

ゆる語訳

あか抜けてる！

#プラス

①巧みだ。物慣れている。

らうらうじく《あか抜けてる感じで》美しげに書き給《たま》へり （源氏）

▼巧みにきれいにお書きになった

②上品だ。

らうらうじう《あか抜けてて》あいぎゃうづきたる （枕）

▼上品で魅力がある

Point

洗練されていたり、あか抜けていたりする人の背後には、そうなるだけの理由がある。「苦労に苦労」を積み重ねてきた人だからこそもつことができる様子や能力などを表す。

040 対

うひうひし

［初初し］ 形シク

①もの慣れていない。

041

をかし

形シク

Point

物事に対しての知的な興味や関心を表す、平安文学における基本理念。現代語の「おかしい(＝滑稽なさまである)」の意味ではなく、①②の意味をしっかりと押さえること。

ゆる語訳

グッとくる

①趣がある。

②美しい。かわいい。

③おもしろい。

雁《かり》などの連ねたるが、いと小さく見ゆるは、いとをかし《グッとくる》　(枕)

▼雁などが連なって(飛んで)いるのが、とても小さく見えるのは、たいそう趣がある

けづることをうるさがり給《たま》へど、をかし《グッとくる》の御髪《みぐし》や　(源氏)

▼(髪を)とかすことをめんどうがりなさるけれど、美しい御髪《おぐし》だこと

妻「をかし《グッとくる》」と思ひて、笑ひてやみにけり　(今昔)

▼妻は「おもしろい」と思って、笑ってやめてしまった

#プラス

類 108

あはれなり

形動ナリ

➔p081

①しみじみと趣深い。

②身にしみる。

③かわいそうだ。

042

あいなし（あひなし）

【愛無し・合ひ無し】 形ク

ゆる語訳

ムカつく！

#マイナス

①不愉快だ。嫌だ。

上達部《かんだちめ》・上人《うへびと》なども、あいなく《ムカついて》目をそばめつつ（源氏）

▼上達部や殿上人なども、みな不愉快だと目をそむけて

②つまらない。

世に語り伝ふること、まことはあいなきにや《ムカつく！》（徒然）

▼世間に語り伝えることとは、真実はつまらないのか

Point

「愛（＝おもしろみ）」や「合ひ（＝調和）」が「無し」、つまり、物事を素直に受け入れがたい気持ちを表す。①②のどちらの意味にしても、対象に【ムカつく】気持ち、つまりマイナスの感情を抱いていることを押さえよう。また、「あいなく／あいなう」の形で「わけもなく」と訳すこともある。

043

あぢきなし

形ク

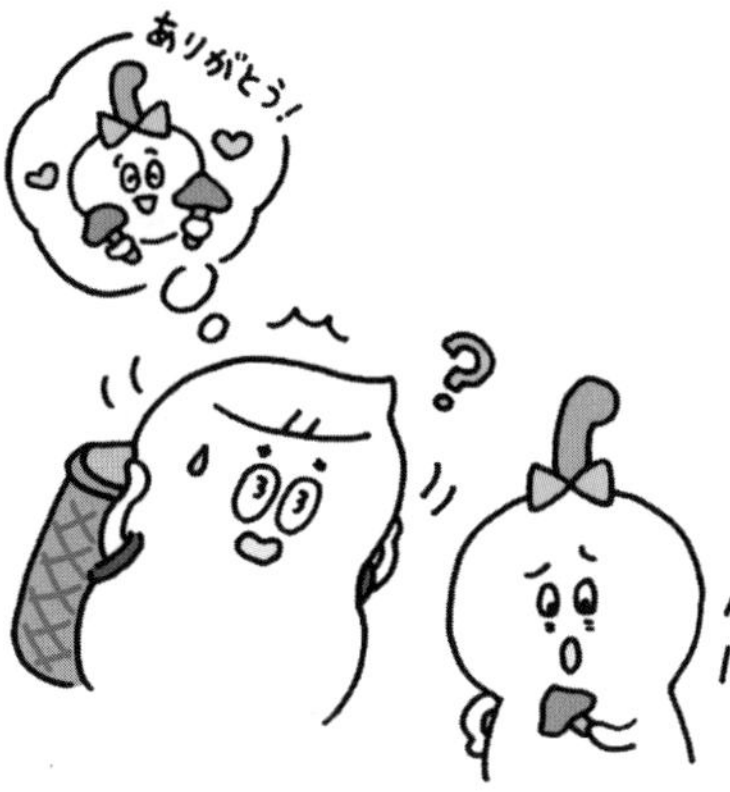

ゆる語訳

思い通りにならない

①どうしようもない。

②つまらない。

あぢきなき《思い通りにならない》ことに心をしめて （源氏）

▼どうしようもない恋に心を奪われて

誠はあぢきなき《思い通りにならない》すさびなるべし （鶉衣）

▼実はつまらない慰みごとだろう

#マイナス

Point

期待はずれな状態、今さらどうにもならない理不尽な状態に対しての不満の気持ちが含まれている。現代でも、自分の【思い通りにならない】ようなどうしようもない（①）状況に対して、おもしろくない、つまらない（②）、とマイナスの感情を抱くことは、十分に理解できるだろう。現代語「あじけない（＝魅力がなくつまらない）」につながる語。

044

あながちなり

［強ちなり］ 形動ナリ

ゆる語訳

自己チュー

#マイナス

①むやみだ。強引だ。

桜の散らむは、あながちに《自己チューに》いかがはせむ　（宇治）

▼桜の花が散るのは、むやみにどうすることができようか（いや、できはしない）

②ひたむきだ。

あながちに《自己チューに》心ざしを見えありく　（竹取）

▼ひたむきに真心が人目につくように歩き回る

③身勝手だ。

春宮《とうぐう》の女御《にょうご》はあながちなり《自己チューだ》と　（源氏）

▼春宮の女御は身勝手だと

Point

自分のやりたいことを通すために、相手のことを考えず、「強引」に、【自己チュー】に行動する様子を表す。

045 関

あながち

［強ち］ 副

①（下に打消の語を伴って）決して。必ずしも。

046

あやにくなり

［生憎なり］ 形動ナリ

① 意地が悪い。あいにくだ。

② 都合が悪い。

帝《みかど》の御おきて、きはめてあやにく《いじわるで》におはしませば （大鏡）

▼帝のご処置は、このうえなく意地悪くいらっしゃるので

あやにくに《（時間が自分に）いじわるで》殿の御使ひのあらむ時 （源氏）

▼都合が悪く殿のお使いの者が来たような時は

ゆる語訳

いじわる

#マイナス

Point

感動詞の「あや」と形容詞の「憎し」が合体して「ああ憎らしい」＝【いじわるだ】という意味になった。①②の意味のどちらも、自分にとって好ましくないという感情をもとに理解すればOK。現代語の「あいにく（＝都合の悪いさま）」のもととなった語といわれる。ただ、①の意味は古文にしかないので、しっかり押さえよう。

047

いたづらなり

［徒らなり］ 形動ナリ

ゆる語訳

無駄無駄無駄無駄ぁ！

#マイナス

①無駄だ。

②むなしい。

上人《しやうにん》の感涙いたづらに《無駄無駄無駄無駄ぁ！に》なりにけり　（徒然）

▼上人が感激のあまりに流した涙は無駄になってしまった

花の色は移りにけりないたづらに《無駄無駄無駄無駄ぁ！に》わが身世にふるながめせし間に　（古今）

▼桜の花の色は、すっかりあせてしまったことよ。むなしくも、降り続く長雨に打たれて。私の美しい姿形もおとろえてしまったよ。むなしく時を過ごし、物思いにふけっている間に

Point

もともとは、期待通りの結果が出なくて、無駄な結果に終わる様子をいう。漢字から、「徒労」などの現代語を思い浮かべよう。現代語のように「悪ふざけ」という意味では使われないことに注意。

048 関

いたづらになる

［徒らになる］ 連

①死ぬ。

②無駄になる。

049

いはけなし

［幼けなし・稚けなし］ 形ク

ゆる語訳

コドモだ

①幼い。

いはけなく《コドモっぽく》かいやりたる額つき、髪ざし （源氏）

▼幼く（髪を）払いのけた額の様子、髪の生え具合が

#マイナス

Point

049「いはけなし」は、幼く【コドモ】っぽくて、頼りない様子を表す。単に年齢が低いという意味ではないので注意。一方、050「いとけなし」は単に年少であるという意味。

類 050

いとけなし

［幼けなし・稚けなし］ 形ク

①幼い。

051

いふかひなし

［言ふ甲斐無し］ 形ク

ゆる語訳
論外

① どうしようもない。

使ひのなければいふかひなくて《論外》　（枕）

▼使いの者がいないので、どうしようもなくて

② 取るに足りない。つまらない。

いふかひなき《論外なもの》を召し寄せて　（堤）

▼取るに足りないのをお呼び寄せになって

#マイナス

Point

漢字を確認しよう。「言う」だけの「甲斐（＝効果。価値）」が「無い」➡①「言ってもしかたがない。どうしようもない」➡②「つまらない」というように考える。「幼い」と訳すときもある。

052 関

いふかひなくなる

［言ふ甲斐無くなる］ 連

① 死ぬ。

053

いぶせし

形ク

Point

053「いぶせし」は、胸につっかえるものがあって、モヤモヤした気持ちを表す。一方、054「いぶかし」ははっきりしない様子を明らかにしたい気持ちが強い。

「いぶ」ははっきりしない様子をいう。

ゆる語訳

モヤる

①心が晴れない。うっとうしい。

あやしういぶせき《モヤる》心地するものを（源氏）

▼不思議にも心が晴れない気持ちがするのに

②気がかりだ。

かのなきがらを見ざらむが、いといぶせかる《モヤってるに》べきを（源氏）

▼あの遺体を見ないとしたら、それがひどく気がかりにちがいないから

#マイナス

類 054

いぶかし

形シク

①心が晴れない。
②疑わしい。
③（様子が）知りたい。

055

うし

［憂し］ 形ク

ゆる語訳
病む

①つらい。

②いやだ。

③つれない。無情だ。

① なほうし《病む》と思ひつつなむありける （伊勢）
▼ますますつらいと思っているのだった

② 世の中のことわざしげくうき《病む》ものに侍《はべ》りけり （紫）
▼世の中というものはいろいろなことをする人がいて、いやなものでございますよ

③ ただに過ぎぬる笛の音《ね》ぞうき《病む》 （更級）
▼さっと通り過ぎてしまった笛の音の主を無情と思う

#マイナス

Point

思い通りにいかず、「憂鬱」でつらい気持ち、いやだと思う気持ちを表す。また、そんな気持ちになった原因の人のことをつれないと感じる気持ちも表す。いろいろ【病む】ような状況だということ。

319 類

こころうし

［心憂し］ 形ク

➔p178

①つらい。
②嫌な感じだ。

うしろめたし

［後ろめたし］ 形ク

Point

自分の後ろ、つまり目の届かないところが気になってしょうがない、という不安な気持ちを表す言葉だと覚えよう。不安に感じる対象は、他人の目や、物事の成り行き（将来のこと）である。

①不安だ。気がかりだ。

あはれにうしろめたけれ《気にしちゃう》（源氏）

▼どうしようもなく悲しく気がかりだ

②気がとがめる。

君の御為にうしろめたき《気にしちゃう》心やはある（増鏡）

▼主君に対して気がとがめる心があるか（、いや、まったくない）

ゆる語訳

気にしちゃう

#マイナス

対 006

うしろやすし

［後ろ安し］ 形ク

➡p012

①安心だ。安心できる。

うたて

［転］副

ゆる語訳

ひどく

#マイナス

① 不愉快に。いやに。

人の心はなほうたて《ひどく》おぼゆれ　（徒然）

▼人の心はやはりいやなことに思われる

② ますます。

雲隠り見まくぞ欲しきうたて《ひどく》このごろ　（万葉）

▼雲に隠れているように会えないあの人に会いたいと思うことだ。ますますこのごろは

Point

物事がどんどん転じることに対する不快感を表す。マイナスの状態に【ひどい】のだというニュアンスを押さえよう。「うたた［転］副」も同じ意味。

058 類

うたてし

形ク

① いやだ。不快だ。
② 気の毒だ。

059

おほけなし

形ク

Point

上の身分の人に対して、下の者が、自分の身分もわきまえずに対等であるかのように振る舞うことについて、批判的な気持ちを表す。現代でも、草野球の選手がプロ野球の選手に投球フォームを指導している場面に出くわしたら、似たような感情を抱くはず。

①身の程知らずである。

おほけなく《図々しく》思ひ企てて　（沙石）

▼身の程知らずに考えて

ゆる語訳

図々しい

#マイナス

060

おろかなり

［疎かなり］ 形動ナリ

ゆる語訳

テキトー

#マイナス

①いいかげんだ。

一つをおろかに《テキトーに》せんと

▼一本をいいかげんにしようと

（徒然）

②下手だ。

この芸におろかなる《テキトーであるの》を見て

▼この芸（＝碁を打つこと）が下手であるのを見て

（徒然）

Point

おおざっぱでいいかげんな状態を指す。現代語の「疎《おろそ》かだ」と同じ意味。「言へばおろかなり／言ふもおろかなり」という形で「言い足りない」という意味になる。「〇〇という言葉で表現しようとするのはテキトー過ぎる言い方だ」ということ。慣用表現なので、「言へばさらなり／言ふもさらなり（＝言うまでもない）」とあわせて覚えておきたい。

061

かたくななり

［頑ななり］ 形動ナリ

ゆる語訳
がんこだ

①頑固だ。

②無風流だ。無教養だ。

いとど人わろう、かたくなに《がんこに》なり果つるも　（源氏）

▼いっそう人聞きも悪く、頑固になってしまうにつけても

ことにかたくなる《がんこな》人ぞ　（徒然）

▼特に無風流な人は

#マイナス

Point

ひねくれており、考えが【がんこ】に偏っている見苦しい様子。また、その考えにこだわっていることから、②の無風流だ、教養がないという意味になった。現代でも、「彼は僕の提案を頑なに拒否した。」というように使われるので、①の意味は捉えやすいはず。高い教養をもち知性にあふれる人が、柔軟に他の意見を取り入れられるというのは今も昔も同じ、と考えればOK。

かたし

［難し］ 形ク

ゆる語訳

無理ゲー

#マイナス

① 難しい。

鞠《まり》もかたき《無理ゲーな》ところを蹴いだし（徒然）

▼鞠も難しい所を（うまく）蹴り出し

② めったにない。

なずらひに思《おぼ》さるるだに、いとかたき《無理ゲー（と思うほどレアな）》世かな（源氏）

▼匹敵する人と自然にお思いなさる人さえ、まずめったにないこの世であるよ

Point

現代でも「信じ難い」などと使われているのと同じく、「実現するのが困難だ」という意味。そこから、②の「めったにない」という意味につながっている。違う漢字で「固し・堅し」という語もある。こちらは現代語の「硬い・固い・堅い」などと同じ意味なので、新しく覚えなくてもOK。大事なのは「難し」のほうなので、しっかりと覚えておこう。

063

かたはらいたし

［傍ら痛し］ 形ク

ゆる語訳

イタい

①みっともない。腹立たしい。

などかく言ふらむとかたはらいたし《(見ていて)イタい》 （枕）

▼なぜこのようにしゃべるのかと、腹立たしい

②恥ずかしい。

かたはらいたき《イタい》もの （枕）

▼恥ずかしいもの

#マイナス

Point

「かたはら」は、現代語と同じく「そば」という意味。「他人の言動をそばで見ていて気になる」➡「みっともない、腹立たしい」という①の意味と、「自分のことをそばで見ている他人の目が気になる」➡「恥ずかしい」という②の意味がある。どちらにしても「そば」で「見る」状況から【イタい】というマイナスの感情が生まれていることがポイント。「気の毒だ」という意味で使われることも。

064

かたほなり

〔片秀なり〕 形動ナリ

ゆる語訳

未熟者！

①不完全だ。未熟だ。

いまだ堅固かたほなる《未熟者！な》より
▼まだまったく未熟なときから
（徒然）

#マイナス

Point

「かた」から、「片方」などの現代語を思い浮かべられる。「不完全な状態」を表す語。「かたはなり〔片端なり〕」形動ナリ もほぼ同じ意味。

065 対

まほなり

〔真秀なり〕 形動ナリ

①完全だ。整っている。

くちをし

［口惜し］ 形シク

ゆる語訳
がっかり

①残念だ。情けない。

忘れ難く、くちをしき《がっかりな》こと多かれど（土佐）

▼忘れられない、残念なことがたくさんあるけれど

②つまらない。感心しない。

「夜に入りてものの映えなし」と言ふ人、いとくちをし《がっかり》（徒然）

▼「夜になっては物の見ばえがしなくなる」と言う人は、とてもつまらない

#マイナス

Point

期待や予想がはずれ、思い通りにいかないことに対する【がっかり】した気持ちを表す。現代でも「口惜しい（＝思い通りにいかず残念だ）」という語があり、同じような意味なので覚えやすい。ただ、現代語の「口惜しい」にあるような「くやしい（＝思い通りに行かず腹立たしい）」というニュアンスは古文にはないので注意。

067

こちたし

［事痛し・言痛し］ 形ク

ゆる語訳

おおげさ！

#マイナス

① うるさい。わずらわしい。

人言はまことこちたく《おおげさ！に》なりぬとも （万葉）

▼他人のうわさが本当にうるさくなっても

② 仰々しい。

鶴は、いとこちたき《おおげさ！な》さまなれど （枕）

▼鶴は、とても仰々しい姿だが

Point

「こと（＝言葉・出来事）」＋「甚《いた》し（＝甚だしい）」から変化したと言われている。「言葉も物事も、いろいろ多い様子」➡「うるさい、大げさ」という様子を表す。

068 類

ことごとし

［事事し］ 形シク

① 大げさだ。仰々しい。

069

さうざうし

形シク

ゆる語訳

なんか寂しい

#マイナス

① 物足りない。心寂しい。

この酒をひとりたうべんがさうざうしけれ《なんか寂しい》ば（徒然）

▼この酒を一人でいただくのが物足りないので

Point

あるべきはずのものがなく、なんだか物足りない気持ちを表す。現代でも、いつも持ち歩いているスマホを忘れたら手持ち無沙汰で何もすることがなく物足りなく感じるだろうし、いつも一緒にいる友達がいないときは心寂しく感じるはず。現代語の「騒々しい（＝さわがしい）」とは意味が違うので注意しよう。

070

さがなし

［性なし］ 形ク

ゆる語訳

性格悪い

#マイナス

①やんちゃだ。

さがなき《性格悪い》童《わらはべ》どものつかまつりける、奇怪に候《さぶら》ふことなり （徒然）

▼やんちゃな子どもたちがいたしましたことで、けしからんことでございます

②意地が悪い。

春宮《とうぐう》の女御《にようご》のいとさがなく《性格悪く》て （源氏）

▼皇太子の母の女御が、たいそう意地が悪くて

Point

①の意味でも②の意味でも、人を不快にさせるというニュアンスをしっかりと押さえよう。「さがなめ［さがな目］ 名」で「意地悪な目」という意味に、「さがなもの［さがな者］ 名」で「手に負えない人」という意味になる。

071

すさまじ

［凄じ］ 形シク

Point

タイミングがずれていたり、場違いだったりするものに対する、【しらけた】気持ちを表す。テレビドラマで感動のシーンが流れた後に、急に明るいCMが流れてしらけてしまうようなシチュエーションを想像するとわかりやすい。なお、現代語の「すさまじい（＝ものすごい）」は「荒《すさ》む」がもとになった語。意味が異なるので注意しよう。

ゆる語訳

しらける

① 興ざめだ。おもしろくない。

梨の花、よにすさまじき《しらける》ものにして、近うもてなさず（枕）

▼梨の花は、まったくおもしろくないものとして、身近には取り扱わない

② 殺風景だ。趣がない。

すさまじき《しらける》ものにして見る人もなき月の（徒然）

▼殺風景なものとして見る人もない（冬の）月が

#マイナス

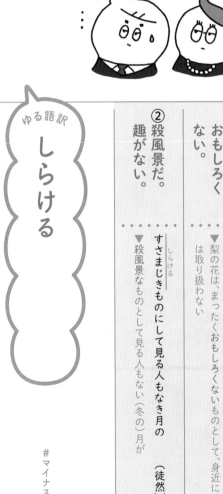

072

ずちなし

［術無し］ 形ク

ゆる語訳

お手上げ!

#マイナス

① どうしようもない。

「妹のあり所申せ、申せ」と責めらるるに、ずちなし《お手上げ!》 (枕)

▼「妹の居所を申せ、申せ」と責められるので、どうしようもない

Point

「手段・方法」という意味の「術」に「無し」がついた語。どうしようもないという【お手上げ】の状態を表す。「じゅつなし」「ずつなし」ともいう。

073 類

すべなし

［術無し］ 形ク

① どうしようもない。

074

せちなり

［切なり］ 形動ナリ

Point

強い思いが、ひしひしと心に迫ってくる様子を表す。「せちに」という形で「ひたすら」という意味になる。漢字から、「痛切」「大切」「切迫」などの現代語を思い浮かべよう。

① 痛切だ。

嘆きせちなる《ドキドキする》ときも、声をあげて泣くことなし （方丈）

▼悲しい心情が痛切なときも、声を上げて泣くこともない

② 大切だ。切迫している。

せちなること《ドキドキする(ほど大切な)》聞こえむ （宇津保）

▼大切なことを申し上げたい

ゆる語訳

ドキドキする

#マイナス

同 075

せちなり

［世知なり・世智なり］ 形動ナリ

① 世渡りが巧みだ。

076

つつまし

［慎まし］ 形シク

ゆる語訳

目立ちたくない

#マイナス

① 気がとがめる。遠慮される。

久しく行かざりければ、つつましく立《目立ちたくなく》てりけり （大和）

▼（女の所へ）長い間行かなかったので、気が引けて（外に）立っていた

Point

現代語の「慎ましい」も「遠慮深く控えめだ」という意味がある。自分の心を包みこんで、覆い隠す（＝遠慮する）、というようなイメージで覚えればOK。

077 関

つつむ

［慎む］ 動マ四

① 気にする。遠慮する。

078

つらし

［辛し］ 形ク

いかなーい
映画 いかない？

Point

相手を薄情だと思い、そうした相手に対するマイナスの感情が「つらい」という気持ちになる。現代語の「つらい」とは違って、相手への思いが土台にあることに注目。

①薄情だ。
②つらい。

いとはつらく《冷たく》見ゆれど、志はせむとす　（土佐）
▼とても薄情に思われるけど、お礼の贈り物はしようと思う

命長さのいとつらう《冷たい(のでつらく)》思ひ給《たま》へ知らるるに　（源氏）
▼命を長らえていることが、とてもつらく思われますのにつけても

ゆる語訳
冷たい

#マイナス

類 079

つれなし

［連れ無し］ 形ク

①無情だ。
②平気だ。

つれづれなり

［徒然なり］　形動ナリ

#マイナス

ゆる語訳

なんもない

①退屈だ。することがない。

つれづれ《なんもない》なるままに、日暮らし、硯《すずり》に向かひて（徒然）

▼することがないのにまかせ、一日中、硯に向かって

②ものさびしい。

年ごろ、つれづれに《（心に）なんもないので》ながめ明かし暮らしつつ（紫）

▼長年、ものさびしくぼんやりと明け暮れ過ごしながら

Point

ずっと続いて変化がなく、することもないので退屈だなあと感じる様子。三大随筆の一つである「徒然草《つれづれぐさ》」の題名と一緒に意味を覚えておこう。「退屈ですることがなくて書いただけの草（＝書物）」、つまり「取るに足らない本ですよ」という意味が含まれている題名だということがわかる。

081

なかなかなり

［中中なり］ 形動ナリ

ゆる語訳

中途半端だ

①中途半端だ。

②かえって〜しないほうがよい。

中将も、なかなかなる《中途半端な》ことをうち出《い》でて （源氏）

▼(夕霧の)中将も、中途半端なことを言い出して

さることは何の答へをかせむ。なかなかならむ《中途半端(にするならしないほうがよい)》（枕）

▼そのようなことにはどんな返事をするだろうか。かえって返事をしないほうがよいだろう

#マイナス

Point

「中途半端にするくらいならばしなければいいのに」という気持ちを表す。「なかなかの出来だ」など「意外に」という意味で使われる現代語の「なかなか」とはニュアンスが違うので注意。

関 082

なかなか

副

①むしろ

②(下に打消の語を伴って)簡単には(〜ない)。

なのめなり

［斜めなり］ 形動ナリ

ゆる語訳

完璧じゃない

#マイナス

①いいかげんだ。

世をなのめに《完璧じゃない感じで》書き流し　（枕）

▼世の中をいいかげんに（見て）書きなぐり

②平凡だ。

つらき事ありとも、念じて、なのめに《完璧じゃないこと》思ひなりて（源氏）

▼つらいことがあっても、がまんして、（自然とそれは）平凡なことだと思うようになって

Point

「ななめ」の、少しいい加減な状態を表す。水平や垂直を「きっちりしている」と捉える感覚は、現代にも通じる。これと対比させて覚えよう。

423 関

なのめならず

［斜めならず］ 連

➔p235

①格別だ。並ではない。

084

なめげなり

形動ナリ

Point

相手を【ナメている】というニュアンスが強い。失礼な態度の振る舞いを表す。身分制度が存在する古文の世界では、「無礼」な態度は現代よりも大問題。

ゆる語訳
ナメてる

#マイナス

①無礼だ。失礼だ。

なめげなる《ナメてる》ものにおぼしめし　（竹取）

▼（帝が）無礼な者だとお思いになり

関 085

なめし

形ク

①無礼だ。無作法だ。

086

はかなし

［果無し］ 形ク

ゆる語訳

しょーもない

① たわいない。幼い。

② つまらない。ちょっとした。

③ 頼りない。

いとはかなう《しょーもない(年齢で)》ものし給《たま》ふ （源氏）

▼とても幼くていらっしゃる

はかなき《しょーもない》文つけなどだにせず （枕）

▼ちょっとした手紙など結びつけるのに使うことさえしない

桜ははかなき《しょーもない》ものにて （宇治）

▼桜は頼りないものであって

#マイナス

Point

「見当」という意味の「はか」に「無し」がついた語。「どうなるかわからない（もの）」というイメージを土台に、多くの意味がある。「はかなき世の中（＝頼りにならない男女の仲）」のように使うことも。

029 対

はかばかし

［果果し］ 形シク

➔p027

① しっかりしている。

② はっきりしている。

087

はしたなし

［端なし］ 形ク

Point

「中途半端」という意味の「端《はした》」に接尾語「なし(=まことに〜だ)」がついてできた語。現代語の「はしたない」は「慎みがなく品格に欠けている」という意味が強いので、混同しないように注意。

①中途半端だ。不似合いだ。

古里にいとはしたなく《どっちつかずな》てありければ　(伊勢)

▼(さびれた)旧都に(美しい姉妹が)たいそう不似合いな様子で住んでいたので

②体裁が悪い。

涙のつといで来《こ》ぬ、いとはしたなし《どっちつかず(でよくない)》　(枕)

▼涙がすぐ出てこないのはとても体裁が悪い

ゆる語訳

どっちつかずだ

#マイナス

類 088

はしたなり

［端なり］ 形動ナリ

①どちらともつかない。中途半端だ。

089

ひとわろし

［人悪し］ 形ク

ゆる語訳

ダサい

#マイナス

①みっともない。体裁が悪い。

烏帽子《えぼし》のさまなどぞ、すこしひとわろき《ダサい》　（枕）

▼烏帽子の様子などは、少しみっともない

Point

「他人から見て体裁が悪い」という意味が土台。「人が悪い（＝意地が悪い。性格が悪い）」という意味ではないので注意。

090 類

かたくなし

［頑し］ 形シク

①頑固だ。
②体裁が悪い。

091

びんなし

［便無し］ 形ク

Point

「便宜・都合」などの意味の「便」に「無し」がついてできた語。①が状況を表し、それに対して②のようなマイナスの感情を示す。

ゆる語訳

キツい

①不都合だ。不便だ。

びんなき《キツい》ところにて、人にものを言ひけるに　（枕）

▼具合の悪いところで、男と語り合っていたときに

②気の毒だ。

いとびんなけれ《キツい感じな》ば、許しやりぬ　（風俗文選）

▼とても気の毒なので、許してやった

#マイナス

類 092

ふびんなり

［不便なり・不憫なり］

形動ナリ

①不都合だ。

②かわいそうだ。

093

ほいなし

［本意無し］ 形ク

ゆる語訳

気に入らん

#マイナス

①気に入らない。

ひたたけたらむ住まひは、いとほいなかる《気に入らん》べし（源氏）

▼雑然としているような住まいは、たいそう気に入らないだろう

②残念だ。

平家これをほいなし《気に入らなくて（残念だ）》とや思ひけん（平家）

▼平家はこれを残念だと思ったのだろうか

Point

「本意（＝本来の意志）」が「無し」で【気に入らん】と覚える。「ほいあり 連」は「①期待する。②満足である。」という意味。

207 関

ほい

［本意］ 名

➔p145

①本来の意志。かねてからの願い。

094

まさなし

［正無し］ 形ク

あんなにまじめだったのに…

Point

漢字で判断するとわかりやすい。あるべき「正（＝正しい）」の状態が「無い」こと。つまり、あってほしい状態から逸脱しており、期待や予想からはずれている様子を表す。「不都合だ」「みっともない」など、いろいろなマイナスの様子を表す言葉なので、文脈に即してどのように訳すかを考えよう。

ゆる語訳

よくない

①不都合だ。よくない。みっともない。

人どもの聞くに、いとまさなし《よくない》 （竹取）

▼多くの人が聞くと、とても不都合だ

#マイナス

095

まだし

［未だし］ 形シク

ゆる語訳

まだ早い！

#マイナス

①まだ時期が早い。

五月《さつき》来《こ》ば鳴きもふりなむほととぎすまだしき《まだ早い！》ほどの声を聞かばや（古今）

▼五月になれば鳴き声も古く感じられるだろう。ほととぎすよまだその時期には早い（ういういしい）声が聞きたいものだ

②未熟だ。

まだしき《まだ早い！》ほどは、これがやうにいつしかとおぼゆらめ（枕）

▼未熟な間は、この人のようにいつになったら（上手になるのか）と感じていることだろう

Point

漢字の「未」は、現代と同じく「まだ」というような意味なのでわかりやすい。「お昼の時間にはまだ早い（①）」「彼に仕事を任せるのはまだ早い（②）」と、両方の意味を現代語でも確認しておこう。

096 関

まだき

［未だき］ 副

①早くも。もう。

097

むくつけし

形ク

Point

正体がわからないものがうごめいているような、不気味な様子を表す。なお、不気味に思う対象は、異常現象や妖怪変化、人の本心など。正体がつかめないものに対する不快感なので注意。そのため、例えば毛虫やゴキブリに対してこの言葉を使うのはふさわしくない。

①不気味だ。気味が悪い。

かかることは聞けど、いと珍かにむくつけけれ《ぞぞっとする》ど（源氏）

▼このようなことを聞くものだがと、めったに例のないことで不気味だけれど

ゆる語訳

ぞぞっとする

#マイナス

098

むげなり

［無下なり］ 形動ナリ

ゆる語訳

ないわ〜

#マイナス

①あまりにひどい。

殊勝のことは御覧じとがめずや。むげなり《ないわ〜》（徒然）

▼（こんな）すばらしいことを見てお気づきにならないのか。あまりにひどい

②むやみに。

むげに《ないわ〜ってぐらい》仲良くなりて、よろづのこと語る（枕）

▼むやみに仲良くなって、いろいろなことを話す

③（むげに＋打消で）全然〜ない。

法師のむげに能なき《ないわ〜》は（徒然）

▼法師が全然技芸のないのは

Point

「それよりも下が無い」という意味から、①の「あまりにひどい」という気持ちを表す。①は、「ひどい」➡「教養がまったくない。身分が低い」、もしくは「ひどい」➡「悲惨だ」という意味で使われることもあるので、覚えておこう。後に、②のように、単に程度が甚だしいという意味でも用いられるようになった。

099

むつかし

［難し］ 形シク

ゆる語訳

ウザい

① 気味が悪い。いやな感じだ。

手にきり付きて、いとむつかしき《ウザい》ものぞかし （堤）

▼手に（蝶《ちょう》の鱗粉《りんぷん》が）ついて、とてもいやな感じのものであるよ

② 不快だ。

男の心地はむつかしかる《ウザいと感じるだ》べし （枕）

▼男の気持ちとしては不快だろう

③ わずらわしい。

さすがに心恥づかしき人、いとにくくむつかし《ウザい》 （枕）

▼やはり気がねをしなければならないような人のときは、（そうもいかず）本当ににくらしくわずらわしい

#マイナス

Point

「【ウザい】なあ」「うっとうしいなあ」といった、好ましくないものに対する不快感を表す。現代語の「難しい」という意味はないので注意。

関 100

むつかしげなり

［難しげなり］ 形動ナリ

① むさくるしい。
② 気味が悪い。
③ わずらわしい。

101

よしなし

［由無し］ 形ク

ゆる語訳

よくわからん

#マイナス

① つまらない。

はかなき疵《きず》も打ちつけられなばよしなし《よくわからん》 （今昔）

▼ほんの少しの傷も負ってしまったらつまらない

② 関係ない。

あらぬよしなき《よくわからん》者の名乗りして来たるも （枕）

▼別の関係ない者が名乗ってきたのも

Point

「由緒・理由・言い訳・方法・縁」などの意味をもつ「由」に「無し」がついた語。「由」の意味に応じていろいろな訳し方をされる。

288 関

よし

［由］ 名

➔p169

①由緒。②理由。③手段。

102

らうがはし

［乱がはし］ 形シク

ゆる語訳
がちゃがちゃしてる

①乱雑だ。

らうがはしき《がちゃがちゃしてる》大路《おほぢ》に立ちおはしまして　（源氏）

▼乱雑な大通りに立っていらっしゃって

②うるさい。

笑ひののしる、いとらうがはし《がちゃがちゃしてる》　（徒然）

▼笑い騒ぐのは、とてもうるさい

#マイナス

Point

漢字から、「乱雑」「騒乱」などの現代語を思い浮かべるとわかりやすい。①は、がちゃがちゃと乱れていて乱雑な状態を、②は、うるさい状態を表している。②の「うるさい」は、単に「音が大きい。騒がしい」というわけではなく、その騒がしさを、乱雑で不快であると感じている気持ちを表すことに注意。

103

わびし

［侘びし］ 形シク

ゆる語訳
つらみ

#マイナス

①つらい。

②貧しい。

やうやう暑くさへなりて、まことにわびしくて《つらみ》 （枕）

▼（参詣の坂道の途中で）だんだん暑くまでなってきて、とてもつらくて

身のわびしければ《つらみ(を感じるほどビンボー)》、盗みをもし （今昔）

▼自分が貧しいので、どろぼうまでもし

Point

思うようにならず、やりきれなくて落胆するというイメージ。生活が困窮している様子を表す言葉でもある。

104 関

わぶ

［侘ぶ］ 動バ上二

①困る。
②気落ちする。
③落ちぶれる。

105

をこがまし

［痴がまし］ 形シク

ゆる語訳

ウケる

①ばからしい。みっともない。

世俗の虚言《そらごと》をねんごろに信じたるも、をこがましく《ウケて》（徒然）

▼世間のうそを熱心に信じているのも、ばかげていて

#マイナス

Point

ばかげていて【ウケる】ものに対する表現。現代でも「先輩をさしおいておこがましい（＝身の程《ほど》をわきまえない）のですが…」などと使われている。

関 106

をこ

［痴・烏滸・尾籠］ 形動語幹

①愚かなこと。

107

あさまし

形シク

ゆる語訳
ウソでしょ!?

#プラスマイナス両方

①驚きあきれる。

思はずにあさましくて《ウソでしょ!?(と思って)》（十訓）

▼思いもかけずただ驚くばかりで

②情けない。興ざめだ。

あさましきもの《ウソでしょ!?な》（枕）

▼興ざめなもの

Point

意外なことに驚きあきれる気持ちを表す。現代語「あさましい(＝下劣だ。見苦しい)」のもとになる言葉。古語では、悪い意味を中心に良い意味にも【ウソでしょ!?】というときに使われていた。なお、「あさましくなる連」の形で使うと「亡くなる。死ぬ」という意味になるので、こちらもあわせて覚えよう。

108

あはれなり

形動ナリ

Point

じーんとした喜びや悲しみなどの感動を味わったときに、思わず出るため息「あはれ（＝ああ）」から生まれたもの。

ゆる語訳 エモい

①しみじみと趣深い。

②身にしみる。

③かわいそうだ。

いみじうあはれに《エモく》をかしけれ　（枕）

▼なんともしみじみとした思いで興味深い

空のけしきいとあはれに《エモくて》身にしみて　（源氏）

▼空の様子はとても身にしみて

得たるはいとよし、得ずなりぬるこそいとあはれなれ　（枕）

▼（思い通り官職を）得たのは大変よいが、（官職を）得ないでしまったのは、大変かわいそうだ

#プラスマイナス両方

類 041

をかし

形シク

➜p035

①趣がある。

②美しい。かわいい。

③おもしろい。

109

あやし

［怪し・奇し］ 形シク

ゆる語訳

なんだろう？

#プラスマイナス両方

①不思議だ。神秘的だ。

あやしきまでぞ覚え給《たま》へる　（源氏）

▼不思議なほど似ていらっしゃる

②変だ。

例ならずあやし《なんだろう？》とおぼしけるに　（枕）

▼いつもと違って変だとお思いになったところ

Point

驚きの声「あや」から生まれた語。昔の人は「不思議だ」「変だ」と思ったとき、驚いたのだとわかる。現代語の「あやしい（＝疑わしい。異様だ）」にはない、①の意味をしっかり押さえよう。

230 同

あやし

［賤し］ 形シク

➡p152

①身分が低い。みすぼらしい。

110

いとほし 形シク

Point

「見ていてつらい」という気持ち。つらい立場の人に対する同情（①）を表したり、弱者や幼い子に対する愛情（②）を表したりする。①②どちらの意味にしても、他者に対する泣きたくなるような気持ちを押さえればＯＫ。「いたはし［労し］形シク（＝①苦労だ。②大切にしたい。③気の毒だ）」が語源とされている。

①気の毒だ。

翁《おきな》をいとほしく《よしよししたく》、かなしと （竹取）

▼翁を気の毒で、ふびんだと

②かわいい。

宮はいといとほしと《よしよししたい》思《おぼ》す中にも （源氏）

▼大宮は（孫たちを）とてもかわいいとお思いになるその中でも

ゆる語訳

よしよししたい

#プラスマイナス両方

111

おぼろけなり

形動ナリ

名店
CAFE
なんか…ふつうじゃ…ない
なんかふつうじゃない？
うーん

ゆる語訳
なんかふつうじゃない…（？）

#プラスマイナス両方

①並大抵だ。

おぼろけならじ《なんかふつうじゃない…？》と思ふに　（枕）

▼並大抵（の美しさ）ではないだろうと思うと

②並々でない。

おぼろけに《なんかふつうじゃない》思ひ忍びたる御後見とは　（源氏）

▼並々でない我慢をしてのお世話であるとは

Point

①がもともとの意味。打消の言葉と一緒に使われることが多く、語自体に否定の意味が生じて②となった。同じ言葉に正反対の意味があるので注意したい。

112 関

おぼろけならず

連

①並一通りではない。

113

おもはずなり

［思はずなり］ 形動ナリ

荷物もってやるよ!
エッ! ありがとう…

Point

予想もしていなかった、と驚く気持ちを表す。①はフラットな意味でもプラスの意味でも使われる。②はマイナスの意味。「おもはずなり」で一語であることにも注意。

ゆる語訳

予想外!

#プラスマイナス両方

①思いがけない。

おもはずなる《予想外!な》世なりや（源氏）

▼思いがけない男女の仲であるなあ

②心外だ。

横ろばひ伏せる、いとおもはずなり《予想外!》（枕）

▼横たわり伏しているのは、実に心外だ

類 114

おぼえず

［覚えず］ 副

①思いがけず。

115

こよなし

形ク

ゆる語訳

ヤバい

#プラスマイナス両方

①格段に優れている。

②格別に劣っている。

自然にそのけはひこよなかる《ヤバい》べし（源氏）

▼自然にその様子も格段に優れている（ように見える）のだろう

この今見ゆるにあはすれば、こよなく《ヤバく》見ゆ（宇津保）

▼この今目の前にしている姫君に比べると、格別に劣って見える

Point

良い意味でも悪い意味でも、他のものと比べて、ものすごく差があることを表す。現代語の【ヤバい】が良い意味でも悪い意味でも程度が甚だしい様子を表すことから想像すると、ニュアンスが捉えやすいだろう。なお、プラスのイメージで使われることが多い。話し言葉ではほとんど使われないものの、「自然をこよなく愛する」など、現代でもプラスの意味で使われている。

116

しどけなし

形ク

Point

きちんと整っていない様子を表す。それを「気を許している」とプラスに感じているのか、「だらしない」とマイナスに感じているのかは文脈で判断しよう。現代でも、部屋着などラフな格好で応対されることを「気楽でいいなあ」と感じるか、「だらしなくていやだなあ」と感じるかは、人と状況によるはず。

①気楽だ。

しどけなく《ラフに》うち乱れ給《たま》へるさまながら（源氏）

▼気楽に衣服を着崩された姿のままで

②だらしない。

いみじくしどけなく《ラフで》、かたくなしく（枕）

▼とてもだらしなく、体裁悪く

ゆる語訳

ラフだ

#プラスマイナス両方

117

すきずきし

［好き好きし］ 形シク

ゆる語訳

情熱的だ

#プラスマイナス両方

①風流である。

すきずきしう《情熱的で》あはれなることなり （枕）

▼風流でしみじみと趣深いことだ

②好色めいている。

すきずきし《（異性に）情熱的な》方にはあらで （源氏）

▼好色な気持ちからではなく

Point

物でも異性でもいろいろ「好き」だということ。好きの対象が流行りなどに向けば「風流」を理解している違いのわかる人間となり、好きの対象が異性に向けば、浮気っぽい人間となる。

118 関

すき

［好き］ 名

①風流。
②好色。恋愛。

119

すごし

［凄し］ 形ク

①ものさびしい。

日の入りぎはの、いとすごく《ぞっとするほど寂しく》きりわたりたるに（更級）

▼ちょうど日の入りのときで、たいそうもの寂しく、霧が一面にたちこめているときに

②すばらしい。

なまめかしく、すごく《ぞっとするほどすばらしく》おもしろく（源氏）

▼優雅で、すばらしく趣があり

ゆる語訳

ぞっとするほど〇〇

#プラスマイナス両方

Point

【ぞっとするほど】の強い感じを表す。①のようにマイナスの感じだけでなく、「まさかの伏線回収にぞっとした」など、「（ぞっとするほど）すばらしい」という②の意味でも使う。

関 120

すごげなり

［凄気なり］ 形動ナリ

①不気味で恐ろしい。
②ものさびしい。

うるさし

形ク

12
9
3
6
朝から体操しよ

ゆる語訳

デキすぎて○○

#プラスマイナス両方

①立派だ。行き届いている。

▼うるさき《デキすぎてすごい》兵《つはもの》の妻とこそ思ひつるに　（今昔）

▼立派な武士の妻だと思っていたのに

②わずらわしい。面倒だ。不快だ。

▼あまりうるさく《デキすぎて無理で》もあれば　（枕）

▼（人の口が）あまりわずらわしくもあるので

Point

気配りが行き届いていることや才能があることに対し、敬意を払う気持ち（①）。行き届きすぎてわずらわしい、というふうに、ネガティブな意味でも使われる（②）。現代でも、隙がなく隅々まで気を配れるデキる人に対して、「気が抜けず、わずらわしい、無理！」と思う人もいるはず。そのようなニュアンスで②の意味を理解しよう。

122

ねたし 【妬し】 形ク

Point

相手に無視されたり相手に対して引け目を感じたりしたときの、いらっとした気持ちを表す。また、自分の力が及ばないことに対してくやしく残念であると思う気持ちも表す。そこから、「自分の力が及ばない相手に対して、ねたましく思うほど優れている（③）」という意味も表すようになった。現代語の「ねたましい」とはニュアンスが違うので注意しよう。

ゆる語訳

ちぇっ！

①しゃくだ。

ねたき《ちぇっ！と思う》までにおぼしめしけるに　（枕）

▼しゃくであるほどにお思いになっていらっしゃるが

②くやしい。

淡路《あはぢ》の御《おほん》歌に劣れり。ねたき《ちぇっ！》　（土佐）

▼淡路の御老女の歌より下手だ。くやしい

③ねたましいほど優れている。

心にくくねたき《ちぇっ！と思うほど》音ぞまされる　（源氏）

▼奥ゆかしくねたましいほど美しい音が優れている

#プラスマイナス両方

123

めざまし

［目覚まし］ 形シク

ゆる語訳

○○のくせに！

#プラスマイナス両方

① 気にくわない。

めざましきもの《更衣のくせに気にくわない》におとしめ （源氏）

▼（桐壺更衣《きりつぼのこうい》を）気にくわない者としてさげすみ

② すばらしい。

なほ和歌はめざましきこと《和歌のくせにすばらしい》なりかしと （大鏡）

▼やはり和歌とはすばらしいものだと

Point

身分の上の人が身分の下の人の言動に対し、意外に感じる様子。「○○のくせに気にくわない（①）」というように悪い意味で使われることも、「○○のくせにすばらしい（②）」というように良い意味で使われることもある。現代語の「めざましい」は②の意味で使われることが多いが、古文では【○○のくせに】が土台にあることに注意しよう。

124

やさし

［恥し・優し］ 形シク

Point

「痩せる」という意味の動詞「やす」が形容詞になったもの。自分の体が痩せ細るほど「つらい」という意味が土台にある。プラスマイナス両方の意味をしっかりと覚えよう。

①つらい。恥ずかしい。

人聞きやさし《泣ける》 （竹取）

▼世間への手前、恥ずかしくきまりが悪い

②優美だ。

やさしき《泣ける（ほど優美な）》ところ添ひたり （源氏）

▼優美なところが加わっている

③けなげだ。

あなやさし《泣ける》 （平家）

▼なんとけなげなことよ

ゆる語訳

泣ける

#プラスマイナス両方

類 031

まばゆし

［眩し］ 形ク

➡p029

①恥ずかしい。②美しい。すばらしい。③まぶしい。

125

ゆゆし

［忌忌し］ 形シク

ゆる語訳

神ってる

#プラスマイナス両方

①畏れ多い。神聖だ。

かけまくもゆゆしき《神ってる》かも言はまくもあやにかしこき （万葉）

▼心にかけて思うのも畏れ多いことよ、口に出して言うのもまことに畏れ多い

②不吉だ。恐ろしい。

常はゆゆしき《神ってる（ほど恐ろしい）》ことも忘れぬ （更級）

▼いつもは不吉なことも（今日は）忘れてしまった

③すばらしい。

舎人《とねり》など賜る際《きは》はゆゆし《神ってる》と見ゆ （徒然）

▼随身《ずいじん》などをいただく身分の者はすばらしく見える

Point

もともとは「清らか」という意味の「斎《ゆ》」を重ねてできた語。神聖なもの、もしくは正反対の穢《けが》れているものに対する「触ってはいけない」という気持ちを表す。

302 類

いみじ

［忌みじ］ 形シク

➡p173

①はなはだしい。
②ひどい。
③すばらしい。

ところせし

［所狭し］ 形ク

①窮屈だ。

②大げさだ。

③堂々としている。

ところせき《ドドン!!としている》御身にて、珍しうおぼされけり （源氏）

▼窮屈なご身分なので、新鮮だとお思いになった

ところせき《ドドン!!としている》御調度 （源氏）

▼大げさな御調度や

ところせく《ドドン!!としている》やあらむと思ひしに （枕）

▼堂々としているだろうかと思っていたのに

ゆる語訳

ドドン!!

#プラスマイナス両方

Point

漢字を確認するとわかりやすい。「所」が「狭い」ということ。空間的に狭いこと①から派生して、精神的に「周りの人間が窮屈に感じてしまうほどの相手の行動・様子」という②と③の意味が生まれた。②は「窮屈に感じるほど大げさだ」ということで、③は「窮屈に感じるほど堂々としている」ということ。【ドドン!!】とした態度に追いつめられる周りの人々、というイメージで覚えよう。

第2章

シーンで覚える136語

127

あそぶ

［遊ぶ］ 動バ四

ゆる語訳

プレイする

#日常生活

①詩歌管弦を楽しむ。

ひとわたりあそび《プレイし》て、琵琶《びわ》弾きやみたる程に　（枕）

▼ひととおり音楽を楽しんで、琵琶を弾き終えたときに

②遊ぶ。

井のもとにいでてあそび《プレイし》けるを　（伊勢）

▼井戸のところに出て遊んでいたが

Point

古文の世界での遊びとは、詩歌を作ったり音楽を演奏したりすること。よって、「あそぶ」という動詞は、多くはそのまま①の「詩歌管弦を楽しむ」という意味で使われる。かといって現代語と同じ②の意味で使われないというわけではないので、文脈に注意して読むようにしよう。

あない（す）

［案内］ 名 名＋す↓動サ変

ゆる語訳

なかみ

①【名】内容。事情。

かくとあない申《なかみ》して、必ず参り侍《はべ》らむ （大鏡）

▼これこれと（出家する）事情を申し上げて、きっと戻って参りましょう

②【動】事情を明らかにすること。

ようもあないせ《なかみ（を明らかにすること）をし》で、浮かびたることを伝へける（源氏）

▼よく事情を明らかにすることをしないで、いいかげんな縁談をもってきたことよ

＃日常生活

Point

「あない」の「案」は文書の控えや下書き（草案）のことで、「文書の【なかみ】」がもとの意味。これを押さえれば、① 名「内容」、② 動「事情を明らかにすること」の意味がイメージしやすいはず。

関 129

あないしゃ

［案内者］ 名

①その場所をよく知っている人。

②道案内をする人。

名

あらまし

ゆる語訳

こんな感じかな

#日常生活

①願望。期待。

かねてのあらまし《こんな感じかな》、みな違《たが》ひゆくかと思ふに　（徒然）

▼かねてからの願望がすべて違っていくかと思うと

②だいたいの様子。あらすじ。

無事のあらまし《こんな感じかな（という様子）》を聞かせ申すべし　（一代男）

▼無事な様子をお伝え申し上げよう

Point

「将来の状態についての願望（①）」➡「未定のこと」➡「だいたいの様子（②）」とイメージしよう。「あり」＋反実仮想の「まし」の「あらまし 連（＝～であればよいのに）」も一緒に押さえるとよい。

003 関

あらまほし

［有らまほし］

連 形シク

➡p009

①【連】あってほしい。

②【形】理想的だ。

131

ありく

［歩く］ 動カ四

ゆる語訳

あちこち動く

①出歩く。動き回る。

②〜してまわる。〜し続ける。

ありく《あちこち動く》かと見れば、すなはち倒れ伏しぬ　（方丈）

▼出歩いているかと思うと、すぐに倒れて横たわってしまう

衣《きぬ》の下にをどりありき《あちこち動い》てもたぐるやうにする　（枕）

▼着物の下で飛び跳ねまわって、（着物を）持ち上げるようにする（のはにくらしい）

#日常生活

Point

目的もなくあちこち歩き回ることや、動き回ることを表す。現代語で「歩く」といえば人間が足を使って移動することだが、古文の世界では広く移動することを表すため、牛車や舟などに乗って移動する際にもこの動詞が使われる。②の場合は補助動詞なので、「をどりありく（＝飛び跳ねまわる）」「うしろみありく（＝お世話し続ける）」など、「動＋ありく」の形で使われる。

132

あるじす

［饗す］ 動サ変

ゆる語訳

主としてもてなす

#日常生活

①もてなす。ごちそうする。

喜べるやうにて、あるじし《主としてもてなし》たり　（土佐）

▼喜んでいる様子で、もてなしてくれた。

Point

一家の主《あるじ》が、お客さんにごちそうをしてもてなす、と覚えよう。漢字から、「饗宴《きょうえん》」などの現代語を思い浮かべても覚えやすい。

133 関

あるじまうけす

［饗設けす］ 動サ変

①もてなす。ごちそうする。

134

いそぎ

［急ぎ］ 名

ゆる語訳

急いですること

①準備。したく。

春のいそぎ《急いでする（準備）》に取り重ねて催し行はるるさまぞ（徒然）

▼新年を迎えるしたくに加えて開催し行われる様子は

②急ぐこと。

あらぬいそぎ《急いですること》まづ出《い》できて紛れ暮らし（徒然）

▼思いもかけない急ぐことが先にできて（それに）気をとられて一日を過ごし

#日常生活

Point

②の「急ぐこと」は現代語と同じ意味。そこから、「できるだけ早く目的を達成するために急ぐこと」というニュアンスで、①の「準備」の意味を捉えよう。

関 135

いそぐ

［急ぐ］ 動ガ四

①準備する。
②急ぐ。

いらふ

［答ふ・応ふ］ 動ハ下二

ゆる語訳

レスする

#日常生活

①答える。

いま一声呼ばれていらへん《レスし》と （宇治）

▼もう一度呼ばれてから答えようと

Point

「いらふ」は、相手の問いかけに対して適当に答えること。社交的な応答というニュアンスが強い。なお、古文の世界で重要なコミュニケーションツールだった和歌で応答をする場合には、「こたふ」が用いられることが多い。「いらへ 名（＝返事）」も覚えておけばばっちり。

137

おどろく

［驚く］ 動カ四

ゆる語訳

はっとする

#日常生活

①目を覚ます。

わづらふ姉おどろき《はっとし》て （更級）

▼病気の姉がはっと目を覚まして

②はっと気づく。

風の音にぞおどろかれ《はっと》ぬる （古今）

▼風の音に（秋の訪れを）はっと気づかされたよ

Point

「何かに気づき、はっとする」という意味が土台にある。①は【はっと】目を覚ます、②は【はっと】気づく、と捉えよう。

関 138

おどろかす

［驚かす］ 動サ四

①起こす。

②気づかせる。

139

おぼえ

［覚え］ 名

ゆる語訳

いい意味で覚えられること

#日常生活

①評判。人望。

世のおぼえ《いい意味で覚えられること》あなづらはしうなりそめにたるを　（枕）

▼世間の評判が軽く扱ってもかまわないように（悪く）なり始めた人のことを

②寵愛《ちょうあい》（＝非常にかわいがること）。

いとまばゆき、人の御おぼえ《いい意味で覚えられること》なり　（源氏）

▼とても見ていられないほどの（桐壺更衣《きりつぼのこうい》に対する）人（＝天皇）のご寵愛である

Point

①の「評判」や「人望」は、世間の人が自分を覚えていること、②の「寵愛」は、権力者が自分を覚えていること、とイメージすればよい。②の場合、「御覚え」となることが多い。

140　類

よおぼえ

［世覚え］ 名

①評判。人望。

141

かげ

［影・景］ 名

Point

もともとの意味は「光るもの（①）」である。そこから、光によって見えるさまざまな事物を意味するようになったので、③のように現代語と同じ意味もある。①と③は正反対の意味なので、文脈で判断しよう。②は、「面影」などの現代語を思い浮かべると覚えやすい。

ゆる語訳

光と影

①光。

渡る日のかげ《光と影》に競ひて尋ねてな （万葉）

▼（東から西へ大空を）渡る日の光と競い合うように求めて行こう

②姿。

我がふるひけるかげ《光と影》のうつりたるを見て言ふなるべし （今昔）

▼自分のふるえている姿が映ったのを見て言っているにちがいない

③光のあたらない所。影。

かげ《光と影》だに踏むべくもあらぬこそ口惜しけれ （大鏡）

▼影さえ踏むこともできそうにないのは残念なことだ

#日常生活

かこつ

［託つ］ 動タ四

なんなの!?
ほんとやーねー

ゆる語訳

○○のせいにする

#日常生活

①不平を口に出す。

あだなる契りをかこち《恋人のせいにして》 （徒然）

▼実現しなかった恋人との約束に不満を言い

②かこつける。

酔《ゑ》ひにかこちて《そのせいにし》、苦しげにもてなして （源氏）

▼酒の酔いにかこつけて、苦しそうなふりをして

Point

「自分の思いとは違うことを、他人のせいにして文句を言う」という意味（＝①）。現代語の「託《かこつ》ける」は②の「ほかのことを関係づけて口実にする」という意味で使われることが多いので、特に①の意味をしっかり押さえておこう。「他のことをマイナスに関係づける」という捉え方で①の意味を捉えればOK。

143

かしこまり

［畏まり］ 名

ゆる語訳 ペコペコ

①お礼。

いと、むつかしげに侍《はべ》れど、かしこまり《ペコペコ(ありがとう)》をだに（源氏）

▼たいそう、むさくるしうございますが、せめてお礼だけでも（申したい）

②謝罪。

え参らぬ由《よし》のかしこまり《ペコペコ(ごめんなさい)》申し給《たま》へり（源氏）

▼参上できない事情についての謝罪を申し上げなさった

#日常生活

Point

動詞「かしこまる」は、慎んで正座をするという意味。その正座をした姿から繰り出される「お礼」や「謝罪」というイメージで覚えよう。

関 144

かしこまる

［畏まる］ 動ラ四

①恐縮する。
②謝罪する。
③慎んで正座する。

145

かちより

［徒歩より］ 連

ゆる語訳
歩いて

#日常生活

① 歩いて。

ただ一人、かちより《歩いて》詣《まう》でけり （徒然）

▼ただ一人、歩いて参詣した

Point

漢字を確認するとわかりやすい。「〜より」は、「〜で」と訳す方法や手段を表す格助詞。牛に引かせる車「牛車」は貴族の乗り物だったので、庶民の移動手段は基本的に徒歩だった。

146 関

かち

［徒歩］ 名

① 徒歩。

147

かづく

［被く］ 動カ四 動カ下二

① 【四段】かぶる。（褒美を）いただく。

傍らなる足鼎《あしがなへ》を取りて、頭にかづきたれば《プレゼント(をもらってかぶっ)》 （徒然）

▼そばにある足のついた金属製の器具を取って頭にかぶったところ

② 【下二段】かぶせる。（褒美を）与える。

御衣《みぞ》脱ぎてかづけ《プレゼント(をあげ)》給《たま》ひつ （竹取）

▼お召し物を脱いで褒美としてお与えなさった

ゆる語訳

プレゼント

#日常生活

Point

平安貴族の間でごほうびといえば、着物。そのごほうびの着物を「与える・もらう」ときに相手の頭や肩に「かぶせて・かぶって」いたことから、「（褒美を）与える」「（褒美を）いただく」という意味になった。漢字も確認して、「かぶる」➡「いただく」というイメージを捉えておこう。また、四段活用のときと下二段活用のときとでは、意味が正反対になるので要注意。

148

きこゆ

［聞こゆ］ 動ヤ下二

パンダが大人気です
おっ！
ん？

ゆる語訳

聞こえてくる

#日常生活

① 聞こえる。

笛の音《ね》のただ秋風ときこゆる《聞こえてくる》に （更級）

▼笛の音がまるで秋風のように聞こえるというのに

② 評判になる。

きこゆる《聞こえてくる》木曾《きそ》の鬼葦毛《あしげ》といふ馬の （平家）

▼評判になっている木曾の鬼葦毛という名馬で

Point

単に「聞こえてくる（①）」という意味と、「いろいろなところで聞こえてくる」➡「評判になる（②）」という意味があるので、どちらもしっかり押さえておこう。

462 同

きこゆ

［聞こゆ］ 動ヤ下二

➔p246

①【「言ふ」の謙譲語】申し上げる。

②【謙譲の補助動詞】お～し申し上げる。

149

くま

［隈］ 名

Point

「曲がり角の隅の、見えづらい場所（①）」、つまり、「光が当たらず、目につきにくい場所」というイメージをもとに、②③の意味を捉えるとよい。

ゆる語訳

曲がり角の隅

①曲がり角。

道のくま《曲がり角の隅》い積もるまでにつばらにも見つつ行かむを　（万葉）

▼道の曲がり角が幾重にも重なるまで、ずっと見続けながら行きたいのに

②かげり。

月のすこしくま《曲がり角の隅(のようで目立たないところ)》ある立て蔀《じとみ》のもとに　（源氏）

▼月の光が少しかげりになっている立て蔀のそばに

③秘密。欠点。

人の心のくま《曲がり角の隅(にあるような秘密)》は照らさず　（後撰）

▼人の心の中の秘密までは照らし出さない

#日常生活

関 292

くまなし

［隈無し］ 形ク

➡p170

①陰がない。

②行き渡らないところがない。

150

けしき

［気色］名

ゆる語訳

目に見える様子

#日常生活

①様子。

②機嫌。

③意向。

正月《むつき》一日は、まいて空のけしき《目に見える様子》もうらうらと （枕）

▼正月一日は、一段と空の様子もうららかで

かぢとり、けしき《目に見える様子》悪《あ》しからず （土佐）

▼船頭は、機嫌が悪くない

春宮《とうぐう》よりも御けしき《目に見える様子》あるを （源氏）

▼皇太子からも、（妻にしたいとの）ご意向があるのを

Point

現代語の「景色」と混同しないように注意しよう。現代語でいえば、「気色ばむ」の「気色」。「表面に現れていて、目に見える自然や人の様子（①）」を表す。そこからつなげて、「目に見える人の感情の様子」➡「機嫌（②）」、「目に見える人の考え」➡「意向（③）」というように覚えればOK。古文では、特に人の様子について使われるので、②③の両方の意味をしっかりと押さえておこう。

151

さす

［鎖す］

動サ四

ゆる語訳

戸締りする

#日常生活

①門や戸を閉ざす。

御車入るべき門《かど》はさしたりければ（源氏）

▼お車が引き入れられるはずの門は戸締《とじ》まりしてあったので

Point

漢字から、「鎖国」などの現代語を思い浮かべると覚えやすい。「差す（＝光が当たる）」「刺す」「注す（＝そそぐ）」「指す（＝目指す。指名する）」など他の「さす」も漢字と一緒に覚えておこう。

同 152

さす

助動

①【使役】〜させる。
②【尊敬】〜なさる。
③【受身】〜られる。

153

さた

［沙汰］ 名

ゆる語訳
決定！

#日常生活

① 評定。評議。

いかがせんとさた《決定!》ありけるに（徒然）

▼どうしようかと評議があったときに

② 処置。

同じくは、かのことさた《決定!》しおきて（徒然）

▼どうせ同じことなら、あのことを処置しておいて

③ 命令。

あへて罪科《ざいくわ》のさた《決定!》もなかりけり（平家）

▼まったく処罰の命令もなかった

Point

「沙汰」という漢字は、もとは「米を水ですすいで砂をとる」という意味で、「よりわける。処理する」という意味になった。現代でも「地獄の沙汰（＝①）も金次第」「沙汰（＝③）を仰ぐ」などと使われる。評議を重ねた結果、処置が決まり、命令がくだる、というイメージで捉えよう。

154

さはる

［障る］ 動ラ四

ゆる語訳

邪魔される

①さしつかえる。邪魔される。

雨にもさはら《邪魔され》ず、夕方行きたりけるに　（今昔）

▼雨にも邪魔されず、夕方出かけていったところ

#日常生活

Point

現代でも「差し障り」「気に障る」など、「邪魔」というニュアンスで使われている。漢字から、「障害」「支障」などの現代語を思い浮かべてもOK。「物理的に邪魔される」という意味だけでなく、「用事に邪魔される」➡「都合が悪くなる」という意味にもなる。現代語の「触る」と混同しないように注意しよう。

155

したたむ

［認む］ 動マ下二

ゆる語訳

きっちりする

#日常生活

①処理する。

よろづの事ども、したため《きっちりし》させ給《たま》ふ（源氏）

▼万事を処理しなさる

②準備を整える。

河なかの橋を踏まば落つるやうにしたため《きっちりし》て（平家）

▼河の橋を踏んだら、橋が落ちるように準備して整えて

Point

後々トラブルにならないように、「起きた出来事を【きっちりする】」➡「処理する（①）」、「トラブルにならないように前もって【きっちりする】」➡「準備する（②）」というイメージで覚えればOK。現代で「手紙をしたためる（＝書き記す）」などと使われる際の意味だけで覚えないように注意しよう。

156

すまふ

［争ふ・辞ふ］ 動ハ四

①抵抗する。辞退する。

女も卑しければ、すまふ《バトる》力なし （伊勢）

▼女も身分が低いので、（男の親に）抵抗する力がない

ゆる語訳 バトる

#日常生活

Point

漢字を確認すると、意味がわかりやすい。相手の行動に対して「抵抗」して、相手の要求を拒否して「辞退」するイメージをつかもう。

同 157

すまふ

［住まふ］ 動ハ四

①住む。

158

つま

［端］ 名

ゆる語訳

はじっこ

#日常生活

①はし。

几帳《きちゃう》のつま《はじっこ》を引き上げ給《たま》へれば （源氏）

▼几帳《きちゃう》のはしを引き上げなさったので

②端緒。きっかけ。

なかなか物思ひのつま《(始まりの)はじっこ》なるべきを （源氏）

▼かえって心配のきっかけになるであろうから

Point

「つま」は物事の先やはじっこの意味。漢字からもイメージしやすいだろう。「物事のはじっこ」➡「物事の最初」➡「きっかけ」とイメージして、②の意味も押さえておこう。

159 同

つま

［夫・妻］ 名

①夫。
②妻。

160

とが

［咎・科］名

知らないな…
お花知らない？

Point

現代で「とがめる」などと使われているのと同じ意味。「人からとがめられるような欠点（①）」、「人からとがめられるべき罪（②）」などを表す。

ゆる語訳

良くない部分

① 短所。欠点。

内心にそこばくのとが《良くない部分》あり（徒然）

▼内心には多くの欠点がある

② 罪。

凍餒《とうたい》の苦しみあらば、とが《良くない部分》の者絶ゆべからず（徒然）

▼こごえや飢えの苦しみがあれば、罪人が絶えるはずがない

#日常生活

関 161

けびゐし

［検非違使］名

①平安時代の官職。（今でいう警察のような働きをしていた。）

162

なさけ

［情け］ 名

ゆる語訳

○○がわかる心

#日常生活

①風流を解する心。

上《うへ》はその中《うち》になさけ《風流がわかる心》棄《す》てずおはしませば　（源氏）

▼主上は心の中に風流を解する心をお忘れにならずにいらっしゃる（方である）から

②情愛。思いやり。

人のなさけ《愛がわかる心》捨て難しとて捨てざらんや　（徒然）

▼人の情愛を、捨てかねるからといって捨てないでいられようか、捨てないではいられない

Point

漢字を確認して、「風情」や「愛情」などの現代語を思い浮かべるとよい。「他にはたらきかけ、風流がわかる心（①）」「人の気持ちがわかって思いやる心（②）」を捉えよう。

163　関

なさけなし

［情け無し］ 形ク

①無風流だ。
②無情だ。

164

ひま ［隙］ 名

Point

いろいろなものとものの【すきま】をイメージしよう。①は「物理的な物と物の隙間」、②は「事態と事態の隙間」➡「よい機会」、③は「心と心の間にある隙間」➡「心の隔たり」➡「不仲」、と考えればOK。また、「ひまをもらふ」という形だと、漢字は「暇」で、現代語と同じく「休暇」の意味になる。「ひまなし 形ク（＝隙間がない。こみあっている）」もあわせて覚えておこう。

ゆる語訳

すきま

①隙間。合間。

谷風に解くる氷のひま《すきま》ごとにうち出《い》づる波や春の初花　（古今）

▼谷間を吹く春風によって解けた氷の隙間ごとに吹き出してくる波、それが春の最初に咲く花であろうか

②よい機会。

例の、ひま《（事態の）すきま》もやと、うかがひありき給《たま》ふを　（源氏）

▼（源氏は）いつものように（藤壺《ふじつぼ》に会える）よい機会もあるだろうとすきをねらってお歩きになるのを

③心の隔たり。不仲。

昔よりさすがにひま《（心の）すきま》ありける　（源氏）

▼昔からやはり心の隔たりがあった

#日常生活

165

ほど

［程］ 名

ゆる語訳

このぐらい

#日常生活

① 地位。

同じほど《このぐらい(の地位)》、それより下臈《げらふ》の更衣《かうい》たちは　（源氏）

▼同じ地位や、それより低い身分の更衣《こうい》たちは

② あたり。

まみのほど《このぐらい(のところ)》、髪のうつくしげに削《そ》がれたる末も　（源氏）

▼目もとのあたりや、髪が美しい感じに切りそろえられている端も

③ 時間。

ほど《このぐらい(の時間)》経《へ》ば、少しうち紛るることもや　（源氏）

▼時間がたてば、少しは気が紛れることもあるだろうか

Point

現代でも使われる「程度」と同じ意味の他、古文では時間や空間、状態や身分など幅広い範囲を表す。文脈によって判断する必要があるので注意。

240 関

ほどほど

［程程］ 名

➲p154

① それぞれの身分。

166

まうく

［設く・儲く］ 動カ下二

ゆる語訳

準備する

①準備する。

杉の渡しより寄せんとてまうけ《準備し》たる舟どもを（平家）

▼杉の渡し場から攻めようとして準備していた舟々を

#日常生活

Point

現代では「お金をもうける」などと使われるが、古文では「将来のためにあらかじめ準備する」という意味でよく使われる。133「あるじまうけす」動サ変（＝もてなす）も関連させて覚えておこう。

関 167

まうけ

［設け・儲け］ 名

①準備。用意。
②ご馳走の用意。
③食べ物。

もてなす

［持て成す］ 動サ四

ゆる語訳

あつかう

#日常生活

①物事を取り計らう。

何事の儀式をも、もてなし《あつかい》給《たま》ひけれど （源氏）

▼どのような儀式をも、（ひけをとらずに）取り計らいなさったけれども

Point

現代語の「心をこめてお客さんに対応する」という意味もあるが、古文では主に「物事を取り計らう。もろもろ準備する。処理をする」という意味で使われる。「儀式」などが「もてなす」対象となっている文が出てきたときに、「儀式というお客さんに対応する……？」と混乱しないように、しっかり意味を押さえておこう。

ようい

［用意］ 名

ゆる語訳

気配り

①心づかい。気配り。

いささかのひまなくようい《気配り》したりと思ふが　（枕）

▼ほんのわずかの油断もなく心づかいしたと思う人が

②準備。備えておくこと。

さるようい《気配り（して準備）》せよ　（蜻蛉）

▼そのような準備をせよ

#日常生活

Point

②の「準備」は、現代語の「用意」と同じような意味。ただ、古文では、①の「心づかい」で使われることが多いので、しっかり押さえておこう。「心づかい（①）をすること」➡「何かあってもいいように先に準備をしておくこと」➡「備えておくこと（②）」、というようにイメージを広げると、どちらの意味も理解しやすい。

ざえ

［才］ 名

ゆる語訳

いろんな才能

#勉強・仕事

①才能（特に漢学）。学識。

ざえ《いろんな才能》深き師に預け聞こえ給《たま》ひてぞ　（源氏）

▼学識の深い師に（夕霧を）預け申し上げなさって

②（書・歌などの）能力。

琴《きん》弾かせ給ふことなむ、一のざえ《いろんな才能》にて　（源氏）

▼琴をお弾きになるのが第一の能力であって

Point

漢字を確認すると、「才能」という意味であることがわかりやすい。ただし、読み方は「ざえ」なので注意しよう。平安貴族の教養の中心は漢学だったため、「才能」というと、①「（漢学の）才能」という暗黙の了解がある。②のそれ以外の能力という意味で使われるのは、まれである。

171

て ［手］ 名

ゆる語訳

手を使ってすること

#勉強・仕事

①筆跡。文字。

てよく書き、歌よく詠みて → て《手を使ってすること》よく書き、歌よく詠みて（枕）

▼文字をうまく書き、歌も上手に詠んで

②腕前。

織女《たなばた》のて《手を使ってすること》にも劣るまじく（源氏）

▼織女の（裁縫の）腕前にも劣らないに違いなく

Point

「て」は、そのままの「手」の意味や、「腕前」「傷」「やり方」などたくさんの意味がある単語。すべてが【手を使ってする】という意味が土台にあるので、しっかりイメージしておこう。中でも、古文で特に重要なのは①「筆跡」と②「腕前」という意味。この二つの意味をしっかり覚えておけばばっちり。

ならふ

［慣らふ・馴らふ］［習ふ］ 動八四

できたー
ボロボロ
グシャ

ゆる語訳
慣れる

#勉強・仕事

①慣れる。慣れ親しむ。なじむ。

かかる有様もならひ《慣れ》給《たま》はず （源氏）

▼このような山の様子もなじんでいらっしゃらない

②学ぶ。

うちうちよくならひ《(勉学に)慣れ》得てさし出《い》でたらんこそ、いと心にくからめ （徒然）

▼ひそかによく学んでから人前に出たようなのこそ、たいそう奥ゆかしいであろう

Point

「繰り返す」意味が土台にある。具体的な動作を伴ってイメージしてみよう。①は「慣らふ：何度も大声を出すことを繰り返す」➡「(大声を出すことに)慣れる」、「馴らふ：何度も桜と菜の花を一緒に見る」➡「見慣れる」➡「なじむ」、②は「何度も習字を繰り返す」➡「(習字を)学ぶ」となる。文脈をしっかり読み取って意味を判断しよう。なお、「ならひ［慣らひ・習ひ］名」は「ならわし。宿命」という意味になる。

173

ののしる

［罵る］ 動ラ四

パンダだよ！
はやくー
かわいい

Point

大きな声を出したり大きな音を立てたりして騒ぐ様子を表す。古文中に出てきた場合、現代語のように「悪く言う」という意味合いは含まれないので注意。また、世間一般の人から大きな声で騒がれている、ということから②の「評判が高い」という意味もできたので、こちらもしっかりと押さえておこう。

①大声で騒ぐ。

大嘗会《だいじゃうゑ》の御禊《ごけい》とののしる《おおさわぎする》に　（更級）

▼大嘗会《だいじょうえ》の御禊が催されると大騒ぎするときに

②評判が高い。評判になる。

この世にののしり《おおさわぎされ》給《たま》ふ光源氏　（源氏）

▼世間で評判になっていらっしゃる光源氏を

ゆる語訳

おおさわぎする

#勉強・仕事

174

ふみ

［文・書］ 名

ゆる語訳

文書

#勉強・仕事

①手紙。書物。

まだふみ《文書》もみず天の橋立 （金葉）

▼まだ、その先の天の橋立の地を踏んでいませんし、（母からの）手紙も見ていません

②漢詩。学問。

ありたきことは、まことしきふみ《（学問の）文書》の道 （徒然）

▼身につけたいことは、正式な学問の道

Point

「文字で書かれたもの」がもとの意味。そこから書物だけでなく、手紙や漢詩など、文字で書かれたさまざまなものを指すようになった。

244 類

せうそこ

［消息］ 名

➡p155

①手紙。便り。
②訪問すること。
③来意を告げること。

175

まつりごつ

［政ごつ］ 動タ四

ドャ
おかし食べ放題政策!!
政策本部

Point

政治を意味する名詞「まつりごと」を動詞にした語。「～ごつ」という語は、「ひとりごつ（＝ひとりごとを言う）」のように名詞について、「～をする」という意味をつくる。

ゆる語訳

取り仕切る

①政治を行う。治める。

世をまつりごつ《取り仕切る》べき人を思《おぼ》しめぐらすに　（源氏）

▼世の中を治めることができる人を思いめぐらしなさると

②取り仕切って世話をする。

よろづをまつりごち《取り仕切る》給《たま》ふも　（栄花）

▼万事をお世話なさるのも

#勉強・仕事

関 176

まつりごと

［政］ 名

①政治。行政。

まねぶ

［学ぶ］ 動バ四

ゆる語訳

まねする

#勉強・仕事

①まねて言う。

人の言ふらむことをまねぶらむ《まねして(言う)》よ（枕）

▼人が言うようなことをまねして言うとかいうことだよ

②そのまま伝える。

かの御車《みくるま》の所争ひ、まねび《まねして(伝え)》聞こゆる人ありければ（源氏）

▼例のお車の場所取り争いをそのまま伝え申し上げる人がいたので

③学ぶ。

文才《もんざい》をまねぶ《まねして(学ぶ)》にも、琴・笛の調べにも、功《く》足らず（源氏）

▼漢学を学ぶにも、琴・笛の音色にも、長年の研鑽《けんさん》が十分でなく

Point

【まねする】ことがもともとの意味。①②は「人の話をまねする」というところからイメージすればOK。現代でも、絵の練習のために模写をしたり、うまく歌うために歌手になりきって歌ってみたりすることは多いはず。人の「まね」は学ぶうえで重要で、それは古文の世界でも変わらない。この考え方で、③の「学ぶ」の意味もしっかり押さえておこう。

#恋愛・結婚

178 いろ
［色］ 名
①恋愛。
②恋人。

179 うつろふ
［移ろふ］ 動ハ四
①色あせる。
②心変わりをする。

180 あだなり
［徒なり］ 形動ナリ
①はかない。
②浮気だ。

181 しのぶ
［偲ぶ］ 動バ四 動バ上二
①慕う。
②賞賛する。

Point

179「うつろふ」の関連語として「うつる［移る］ 動ラ四 （＝①色あせる ②心が変わる）」も覚えておこう。また、180「あだなり」と同じ漢字を使った「あだあだし［徒徒し］ 形シク」は「浮気だ」という意味。

182
あふ
［会ふ・逢ふ］ 動ハ四
①出会う。
②結婚する。

183
みる
［見る］ 動マ上一
①見る。会う。
②男女が結ばれる。
③思う。

184
かいまみる
［垣間見る］ 動マ上一
①のぞき見る。

古文の世界では、女性の顔を見られるのは深い仲の男性だけ（宮仕えをしている女性は除く）なので、183「みる」＝「結婚」という意味になる。182「あふ」も同じイメージで②の意味を押さえること。

185 **ちぎり** ［契り］ 名
①夫婦の関係。
②（前世の）因縁。
③約束。

186 **よ** ［世・代］ 名
①男女・夫婦の仲。
②世間。
③天皇の治世。

187 **よばふ** ［呼ばふ］ 動ハ四
①求婚する。
②呼び続ける。

188 **すむ** ［住む］ 動マ四
①（夫が妻のもとに）通う。

185「ちぎり」は「契約」などの漢字から覚えよう。「（男女がともに生きることを）約束する」➡「夫婦の関係」とイメージすればよい。「ちぎる［契る］動ラ四」は「約束する。夫婦の縁を結ぶ」という意味になる。

男性が複数の妻を持つ「一夫多妻」が古文の世界の基本的な結婚スタイル。そのため、結婚後も同居せず、夫が妻の家を訪ねる「通い婚」が一般的だった。男性が複数の女性のもとに通うことを131「ありく」と表すことが多い。

#病気・生死

189 たまのを
［玉の緒］ 名
①命。

190 つゆ
［露］ 名
①涙。
②はかないもの。

191 ふる
［古る］ 動ラ上二
①古くなる。
②年をとる。

192 なやむ
［悩む］ 動マ四
①病気になる。
②困る。

Point

189「たまのを」は、「玉（＝魂）」を、「緒（＝ひも）」で肉体につなぎとめているイメージ。また、190「つゆ」は「消えやすいキラキラしたもの」というイメージを押さえよう。192「悩む」は「特に病気に悩まされる」と捉える。

193
いたはる
［労る］ 動ラ四
①病気で苦しむ。
②苦労する。骨を折る。

194
わづらふ
［煩ふ］ 動ハ四
①病気になる。
②わずらわしい思いをする。

195
ためらふ
［躊躇ふ］ 動ハ四
①静養する。
②心を静める。

196
おこたる
［怠る］ 動ラ四
①病気がよくなる。
②怠ける。休む。

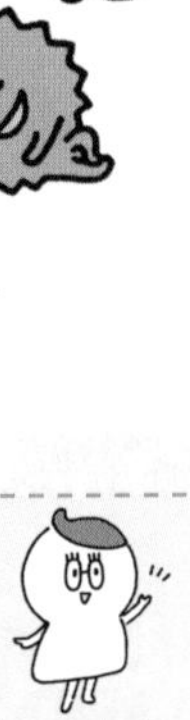

Point

193「いたはる」の②「苦労する」という意味の単語は、他に「いたつく［労く・病く］動カ四」などがある。また、196「おこたる」は②の意味が土台。「病気が怠けて働かなくなる」➡「病気がよくなる（①）」と考えればよい。

197
かぎり
〔限り〕 名
①限界。②最期。

198
うす
〔失す〕 動サ下二
①消える。なくなる。②死ぬ。

199
おくる
〔後る・遅る〕 動ラ下二
①先立たれる。②取り残される。

200
さらぬわかれ
〔避らぬ別れ〕 連
①死別。

199「おくる」は、漢字を確認する。「送る」のではなく「後になる。遅れる」という意味で、「先立たれる」となる。「亡くなる」という意味の単語は他にも、「かくる〔隠る〕動ラ四」「はかなくなる〔果無くなる〕連」など。

201

さるべきにやありけむ

［然るべきにやありけむ］ 連

①そうなるはずの運命だったのだろうか。

202

かたみ

［形見］ 名

①思い出の手がかりとなるもの。
②形見。遺品。

Point

201は415「さるべき 連 (＝①立派な ②そうなるはずの)」もあわせて確認しよう。202「かたみ」の②は現代語と同じ意味。①のように死と関係なく、単に「思い出の手がかり」という意味でも使われるので注意。

#宗教

203
さまかはる
［様変はる］ 動ラ四
①出家する。

204
みぐしおろす
［御髪下ろす］ 連
①（貴人が）出家なさる。

205
やつす
［窶す］ 動サ四
①わざと目立たぬ格好をする。
②出家する。

206
よをすつ
［世を捨つ］ 連
①出家する。

Point

203「さまかはる」は、「様（＝姿かたち）を変え」て出家すること。「さまかふ」とも。204「みぐしおろす」は髪を剃る、205「やつす」の②は華やかな服から僧侶の姿になる、206「よをすつ」は世を捨てる。すべて出家の意味。

207
ほい
［本意］名
①本来の意志。かねてからの願い。

208
ほだし
［絆］名
①束縛。さまたげ。

209
おこなふ
［行ふ］動ハ四
①仏道を修行する。

210
わざ
［業］名
①行い。行為。
②仏事。法要。

Point

207「ほい」は「出家の願い」を表すことも。208「ほだし」は、「これがあると身動きが取れない」というイメージ。古文では、妻や子どもなどを、「出家の妨げとなるもの」＝「ほだし」として捉えることが多い。

211
ねんず
［念ず］動サ変
①祈る。
②我慢する。

212
みち
［道］名
①道理。②仏の教え。
③学問・芸術など専門の道。

213
すくせ
［宿世］名
①前世。
②前世からの因縁。

214
うつつ
［現］名
①現実。
②正気。

215
しるし
［験］名
①（神仏の御）利益・霊験。

211「ねんず」は「心の中で祈る（①）」という意味から「口に出さない」➡「我慢する（②）」という意味になった。215「しるし［験］」は、291「しるし［著し］形ク（＝はっきりしている）」などの同訓異字もあるので注意。

216 ひじり

［聖］ 名

①聖人。
②その道に優れた人。
③徳の高い僧。

217 ものいみ

［物忌み］ 名

①陰陽道《おんようどう》で凶事のときに、家にこもって心身を慎むこと。

Point

平安貴族たちは、一定期間家にこもる「ものいみ（217）」によって穢《けが》れを避け、身を守ろうとしていた。目的地が陰陽道での避けるべき方角にあるとき、別の方向を経由する「かたたがへ［方違へ］名」という言葉もある。

家族

218
かしづく
〔傅く〕 動カ四

①大事に育てる。
②大事に扱う。

219
たのむ
〔頼む〕 動マ四 動マ下二

①【四段】頼りにする。
②【下二段】あてにさせる。

220
うしろみ
〔後ろ見〕 名

①後見。後見人。

221
このかみ
〔兄〕 名

①年長（者）。
②兄。姉。

Point

219「たのむ」は、動詞の活用によって意味が変わってくるので気をつけよう。また、221「このかみ」は、「そのかみ〔其の上〕名（＝①その当時 ②昔）」と同じニュアンスで捉えないように注意。

222

はらから

［同胞］ 名

①兄弟姉妹。

Point

222「はらから」の「はら」は「腹」、「から」は「やから」という意味。「同じ母親の腹から生まれたやから」ということ。そこから、すべての兄弟姉妹を指すようになった。

#天皇・宮中

223
みかど
［御門・帝］ 名
①天皇。②皇居。朝廷。

224
おほやけ
［公］ 名
①天皇。朝廷。②公的なこと。

225
うへ
［上］ 名
①天皇。②奥方。③上部・表面。

226
うち
［内］ 名
①宮中。内裏。②天皇。③内心。④内部。

Point

身分制が存在した当時、天皇を直接的に表現することは不敬ということで、さまざまな呼び方があった。身分が最も「うへ［上］(225)」で、都でもっとも「うち［内］(226)」側である宮中に住む存在、というイメージで覚えよう。

227
くもゐ
［雲居・雲井］名
①皇居。宮中。
②大空。天上。
③はるかに離れた所。

228
ぎゃうがう
［行幸］名
①天皇の外出。

229
ごかう
［御幸］名
①上皇・法皇・女院などの外出。

Point
天皇の外出は228「ぎゃうがう［行幸］」、皇后・皇太子などの外出は「ぎゃうけい［行啓］」、上皇・法皇の外出は229「ごかう［御幸］」という。貴人が亡くなることを「くもがくる［雲隠る］動ラ四」ということも覚えておこう。

#身分

230 あやし

［賤し］形シク

①身分が低い。みすぼらしい。

231 いやし

［賤し・卑し］形シク

①身分が低い。②下品だ。

232 いほり（いほ）

［庵・廬］名

①粗末な仮小屋。②草庵《いおり》。

233 あてなり

［貴なり］形動ナリ

①身分が高い。高貴だ。②上品だ。

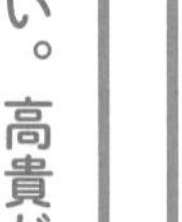

Point

231「いやし」のもとの意味は①の「身分が低い」。そんな人物に対して、貴族が「身分が低いって下品だよね」という軽蔑の感情をもったことから、②の「下品だ」という意味が生まれた。

234
やむごとなし
［止むごとなし］ 形ク
①高貴だ。
②捨てておけない。

235
おとど
［大殿・大臣］ 名
①大臣・公卿《くぎょう》の尊敬語。
②身分の高い人の邸宅。

236
かんだちめ
［上達部］ 名
①公卿・三位以上の貴族。

237
きたのかた
［北の方］ 名
①身分の高い人の妻。

234「やむごとなし」が最上の身分を指し、一般的な高貴さには233「あてなり」を使うことも押さえておこう。また、235「おとど」は、偉い役職の人も、その人の住む家も、どちらもこう呼ばれた。

238 きは［際］名
①身分。②程度。③境目。限界。

239 しな［品］名
①身分。②品位。

240 ほどほど［程程］名
①それぞれの身分。

239「しな」は、身分や家柄など、自分という「品」を表すものと覚える。240「ほどほど」は、現代でも「身のほどを知れ」と使うときの「ほど」。古文の世界は身分社会であることを忘れないように。

#コミュニケーション

241 かたみに ［互に］ 副
①互いに。
②かわるがわる。

242 かたらふ ［語らふ］ 動ハ四
①親しく付き合う。
②相談する。

243 とぶらふ ［訪ふ］ 動ハ四
①訪れる。
②見舞う。弔問する。

244 せうそこ ［消息］ 名
①手紙。便り。
②訪問すること。
③来意を告げること。

Point

242「かたらふ」は親しく付き合う、という意味。現代でも、熱く語り合える人＝親しい人ということでイメージしやすい。243「とぶらふ」は、ただ訪問する際には「訪れる」、病人を訪問する際には「見舞う」という意味になる。

245
たより
〔頼り・便り〕名
①機会。ついで。②よりどころ。縁故。

246
ここち
〔心地〕名
①気持ち。

247
そらごと
〔空言・虚言〕名
①うそ。

248
ためし
〔例〕名
①前例。②話の種。

Point

247「そらごと」の「そら」は「偽りの」という意味の接頭語。「そらなき〔空泣き〕名（＝うそ泣き）」という単語も一緒に覚えておこう。245「たより」248「ためし」は漢字を確認するとよい。

#容姿・外見

249 にほふ 〔匂ふ〕 動ハ四

①美しく染まる。
②つややかに美しい。

250 きよらなり 〔清らなり〕 形動ナリ

①はなやかだ。
②美しい。

251 なまめかし 〔生めかし・艶かし〕 形シク

①若く美しい。
②優美だ。

252 えんなり 〔艶なり〕 形動ナリ

①優美だ。色っぽい。
②風情がある。

Point

249「にほふ」は、「においがする」という現代語と同じ意味だけでなく、視覚的な美しさも表すので注意。名詞は「にほひ〔匂ひ〕（＝①美しい色 ②気品・威光）」となる。

253
うるはし
［麗し］ 形シク
①きちんとしている。
②整って美しい。

254
めやすし
［目安し］ 形ク
①見て感じがよい。
②見苦しくない。

255
かたち
［形・容・貌］ 名
①容姿。顔だち。
②物の形。

256
いうなり
［優なり］ 形動ナリ
①優美だ。
②すぐれている。

255「かたち」は、現代語では物の形（②）を指すが、古文では人の形、つまり顔だちや容姿（①）に対しても使われることに注意。256「いうなり」は、単に外見が美しいというわけではなく、教養が感じられる美しさを表す。

＃悲しみ

257
うれふ
［憂ふ・愁ふ］ 動ハ下二

①嘆き訴える。
②悲しむ。

258
しほたる
［潮垂る］ 動ラ下二

①（涙で）袖《そで》が濡《ぬ》れる。

259
ながむ
［眺む］ 動マ下二

①思い沈む。

Point

259「ながむ」は「何も対処ができず、ただぼんやりと見つめることしかできない➡思い沈む」というイメージで覚えよう。同訓異字の「ながむ［詠む］」は「詩歌を吟じる」という意味。

260

かきくらす

［かき暗す］ 動サ四

①悲しみにくれる。
②あたりが暗くなる。

261

くやし

［悔し］ 形シク

①悔やまれる。

262

こうず

［困ず］ 動サ変

①困る。悩む。
②疲れる。

Point

260「かきくらす」は、漢字から、「心を暗くするような気持ち」という意味がわかりやすい。262「こうず」も漢字を確認しよう。なお、同訓異字に「こうず［薨ず］ 動サ変 （＝皇太子や親王などがお亡くなりになる）」がある。

第3章

セットで覚える85語

#時間

263 **つごもり**
〔晦・晦日〕 名
①月の終わり。下旬。
②月の最終日。

264 **としごろ**
〔年頃〕 名
①長年の間。
②数年来。

265 **つきごろ**
〔月頃〕 名
①数か月間。

266 **ひごろ**
〔日頃〕 名
①数日間。

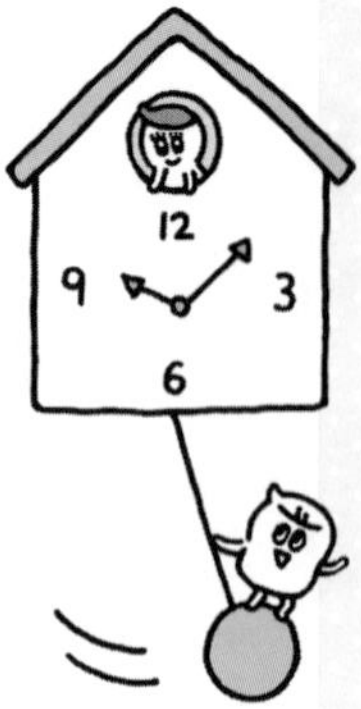

Point

263「つごもり」は、「月が籠《こも》る（＝隠れる）」という意味から生まれた。「ごろ〔頃〕」は一定の期間を表す語なので、「とし／つき／ひ」＋「ごろ」はセットで覚えよう。日時を表す言葉は他に「ついたち〔朔日〕（＝月の初め）」など。

267
ひねもす
［終日］ 副
① 一日中。

268
よ（も）すがら
［夜（も）すがら］ 副
① 一晩中。

269
つとめて
名
① 早朝。
② 翌朝。

270
ゆふさる
［夕さる］ 動ラ四
① 夕方になる。
※「ゆふされば」の形でよく使われる。

Point

268「よ（も）すがら」の「すがら」は「〜じゅうずっと」という意味の接尾語。269「つとめて」の②は、「用事があった次の日の朝」という意味にも使われる。「あした［朝］名」にも「①朝 ②翌朝」という二つの意味がある。

271
ありし
〔在りし・有りし〕 連

①以前の。昔の。
②生前の。

272
ありつる
〔在りつる・有りつる〕 連

①さっきの。

273
そのかみ
〔其の上〕 名

①その当時。
②昔。

274
こしかた（きしかた）
〔来し方〕 連

①通ってきた方向。
②過去。

Point

273「そのかみ」と221「このかみ〔兄〕名」を混同しないこと。274「こしかた」は、漢字を確認すると「来た方（向）」という意味がわかりやすい。②は「自分が進んで来た方向」➡「歩んできた人生」➡「過去」と捉える。

#速さ・早さ

275
とく
［疾く］副
①すぐに。速やかに。
②すでに。

276
すなはち
［即ち・則ち］副 名 接続
①【副】すぐに。
②【名】その時。
③【接続】そこで。つまり。

277
やがて
副
①そのまま。
②すぐに。

278
いつしか
［何時しか］副
①早く。
②いつのまにか。

Point

275「とく」は漢字から「疾風」などの現代語を思い浮かべるとよい。277「やがて」は現代語（＝まもなく）とは意味が異なる。切れ目なく続くイメージで、①②の意味を押さえよう。

279
ゆくりなし
形ク
①突然。思いがけない。

280
あからさまなり
形動ナリ
①急だ。突然だ。
②ほんのちょっとだ。

Point
278「いつしか」は、下に願望を表す表現がきて「早く（～ほしい）」という意味で使われることが多い。280「あからさまなり」は、急で突然（①）だったので、ほんのちょっと（②）のように感じたというイメージ。

#道理

281
ことわり
［理］ 名
①道理。
②理由。

282
わりなし
形ク
①道理に合わない。
②たえがたい。
③しかたない。

283
あやめ
［文目］ 名
①道理。物事の筋道。
②模様。形。

284
あやなし
［文無し］ 形ク
①道理に合わない。
②つまらない。

「あや〔文〕」には「道理」という意味がある。283「あやめ」は「あやめも知らず（＝道理もわからない）」という言い回しも覚えておく。和歌では、「文目」と植物の「菖蒲《あやめ》」を掛けて詠むことがあるので、覚えておこう。

285 **ついで**〔序〕名
①物事の順序。②機会。おり。

286 **ひがこと**〔僻事〕名
①間違い。

287 **ゆゑ**〔故〕名
①原因。理由。②由緒。素性。

288 **よし**〔由〕名
①由緒。②理由。③手段。

286「ひがこと」の「ひが」は「誤っている」という意味。「ひがひがし〔僻僻し〕形シク(＝ひねくれている)」や、「ひがめ〔僻目〕名(＝①よそ見 ②見間違い)」、「ひがみみ〔僻耳〕名(＝聞き違い)」も一緒に覚えておこう。

#白黒つける

289 あきらむ 〔明らむ〕 動マ下二

①明らかにする。
②見極める。

290 あらはなり 〔露なり・顕なり〕 形動ナリ

①丸見えである。
②明白だ。

291 しるし 〔著し〕 形ク

①はっきりわかる。
②予想通りだ。

292 くまなし 〔隈無し〕 形ク

①陰がない。
②行き渡らないところがない。

289「あきらむ」を現代語の「諦める」と混同しないように注意。漢字から意味を捉えよう。291「しるし」は、はっきりと目立つ様子を表す。「顕著」「著しい」を思い浮かべるとよい。同訓異字215「しるし〔験〕名」などにも注意。

293
おぼつかなし
［覚束なし］ 形ク

①はっきりしない。
②不安だ。気がかりだ。

294
けぢめ
名

①区別。相違。
②仕切り。

Point

292「くまなし」の「くま」は陰のこと。陰になっている部分がなく、すみずみまで明るいイメージ。293「おぼつかなし」は、「物事がぼんやりしていてはっきりしない(①)」➡「はっきりしない状況が不安だ(②)」という意味。

＃程度

295
あまた
［数多］ 副
①たくさん。多く。
②非常に。

296
ここら
副
①たくさん。
②たいそう。

297
そこら
副
①たくさん。
②たいそう。

298
いと
副
①非常に。とても。
②【下に打消の語を伴って】たいして（～ない）。

295「あまた」は漢字を確認するとよい。程度や数量が普通より多い状態を表す。298「いと」は特に状態について表す語。程度が甚だしかったり、普通の程度を超えていたりする様子を表す。

299 いと

副

①ますます。②そのうえさらに。

300 いたく

［甚く］ 副

①ひどく。たいへん。②【下に打消の語を伴って】たいして（～ない）。

301 けに

［異に］ 副

①よりいっそう。②常と違って。

302 いみじ

［忌みじ］ 形シク

①はなはだしい。②ひどい。③すばらしい。

Point

301「けに」は漢字からもイメージできるように、「普通とは異なる」という意味。302「いみじ」は、普通とはかけ離れた様子を表しているため、マイナスの場合もプラスの場合も使う。125「ゆゆし」と一緒に覚えよう。

#評価

303 よし

［良し・好し・善し］形ク

①よい。
②身分が高い。

304 よろし

［宜し］形シク

①悪くない。
②普通だ。

305 わろし

［悪し］形ク

①よくない。
②下手だ。

306 あし

［悪し］形シク

①悪い。
②不快だ。みすぼらしい。

Point

誰が見ても絶対に評価が変わらない場合は、303「よし」306「あし」、他と比べている場合は、304「よろし」305「わろし」を使う。よいほうから順に「よし➡よろし➡わろし➡あし」となる。

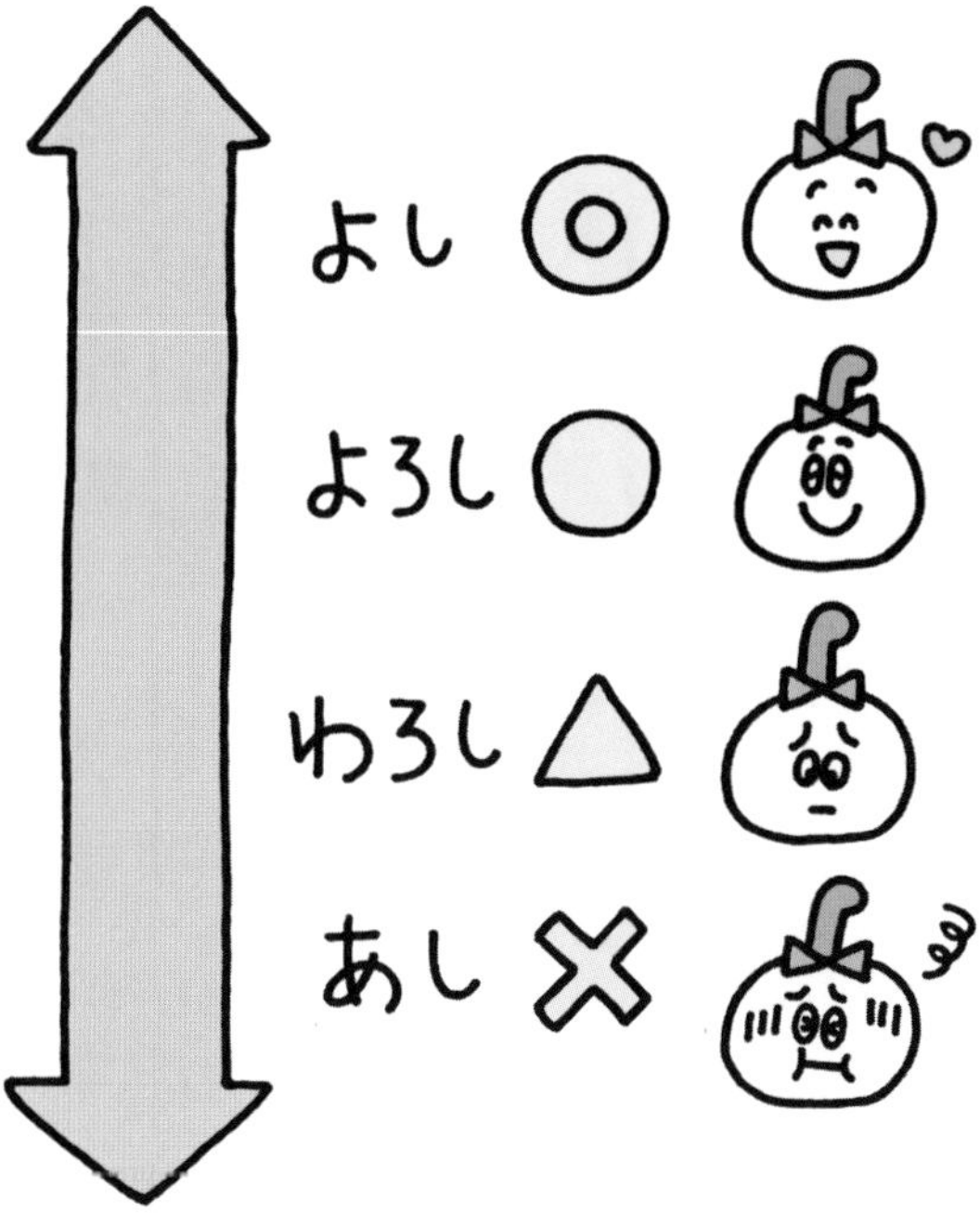
よし ◎
よろし ○
わろし △
あし ×

#あのこのその

307
と
副
①あのように。

308
かく
［斯く］副
①このように。

309
さ
［然］副
①そのように。

310
しか
［然］副
①そのように。

Point

307「と」は「と言ひかく言ひ（＝ああ言い、こう言い）」のように308「かく」とセットで使われることが多い。397「とかく 副（＝あれやこれや）」も一緒に覚えておこう。

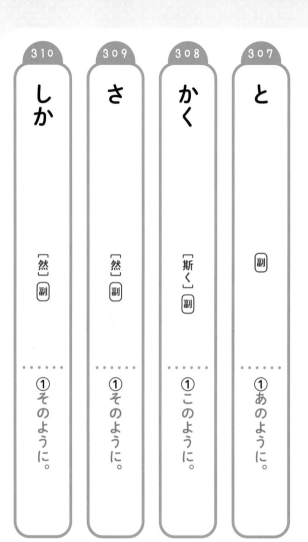

#こころ〜

311
こころ
［心］ 名
①意向。考え。
②風流を理解する心。

312
こころざし
［志］ 名
①意向。
②愛情。

313
こころづくし
［心尽くし］ 名
①物思いの限りを尽くす。

314
こころばへ
［心ばへ］ 名
①気配り。
②性質。気立て。

Point

311「こころ」は多義語だが、「こころあり（＝風流心がある）」の形など、②の意味になることがほとんど。312「こころざし」は、「心（が）指して向かう」というイメージ。313「こころづくし」は現代語と意味が違うので注意。

315

こころにくし

［心憎し］ 形ク

① 奥ゆかしい。心ひかれる。

316

こころやすし

［心安し］ 形ク

① 安心だ。
② 親しい。気さくである。

317

こころゆく

［心行く］ 動カ四

① 満足する。

318

こころもとなし

［心許なし］ 形ク

① 待ち遠しい。じれったい。
② 気がかりだ。

319

こころうし

［心憂し］ 形ク

① つらい。
② 嫌な感じだ。

Point

現代でも「こころにくい演出だ」などと使うように、315「こころにくし」は、「憎らしいほどすばらしい」という褒め言葉。316「こころやすし」は006「うしろやすし」を思い浮かべて、「安心」というイメージで覚えよう。

320
こころぐるし
［心苦し］ 形シク

①気の毒だ。
②つらい。

321
こころづきなし
［心付き無し］ 形ク

①気にくわない。

Point

320「こころぐるし」は、「（相手のことを想うと）胸が痛い」➡「心が苦しい」➡「つらい」という気持ち。321「こころづきなし」は、「（相手の言動が）自分の心に付かない」➡「しっくりこない」という気持ちを表す。

#いか～

322

いかが

〔如何〕副

①【疑問】どのように～か。
②【反語】どうして～か、いや～ない。

323

いかで(か)

〔如何で(か)〕副(連)

①【疑問】どうして～か。
②【反語】どうして～か、いや～ない。

324

いかに

〔如何に〕副

①どのように。
②なぜ。

325

いかにぞや

〔如何にぞや〕連

①どんなものだろうか。どういうわけか。

324「いかに」は英語の「how」や「what」、「why」と同じように、いろいろな意味をもつ。「なんとかして」という強調の意味もあるので押さえておこう。感動詞として使う場合は「もしもし」という意味。

326

いかが(は)せむ

連 [如何(は)せむ]

①【疑問】どうしようか。
②【反語】どうしようか、いやどうしようもない。

Point

326「いかが(は)せむ」は、「いかが(＝どのように)」＋動詞「す(＝する)」＋推量の助動詞「む(＝だろう)」で、「どのようにするだろう」となる。「は」は強調の係助詞。

＃言うのが…

327
いふもおろかなり
〔言ふも愚かなり〕 連

①言うまでもない。

328
いへばさらなり
〔言へば更なり〕 連

①いまさら言うまでもない。

Point

328「いへばさらなり」は「さらなり〔更なり〕 形動ナリ （＝言うまでもない）」だけで使われることも多い。プラスの意味でもマイナスの意味でも使う。

329

いはむかたなし

［言はむ方無し］ 連

①言いようがない。

330

いふかたなし

［言ふ方無し］ 連

①言いようがない。

331

えもいはず

［えも言はず］ 連

①なんとも言いようがない（ほど）。

329「いはむかたなし」330「いふかたなし」の同義語として、「いふべきかたなし 連」も覚えておこう。331「えもいはず」は、「言いようがないほど」がもとの意味で、「すばらしい」「ひどい」の両方の意味に広がる。

#茫《ぼう》然《ぜん》自失

332
あれかにもあらず
〔吾かにもあらず〕連
① 茫然自失。

333
あれかひとか
〔吾か人か〕連
① どうしてよいかわからない。

334
われか
〔我か〕連
① 自分なのか、自分でないのかわからない。

335
われかのさま
〔我かの様〕連
① 我を失っている様子。

Point

332～335のすべて、「今ここにいるのが自分（あれ・われ）なのか他人（ひと）なのかもわからない茫然自失の状態」を表す。他に、「われかのけしき〔我かの気色〕連」も、我を失っている様子を表す言葉。

ここはどこ？
わたしはだれ？

#否定・禁止（完全否定）

336
おほかた（〜打消）［大方］副
①まったく（〜ない）。

337
さらに（〜打消）［更に］副
①まったく（〜ない）。

338
たえて（〜打消）［絶えて］副
①まったく（〜ない）。

339
つゆ（〜打消）［露］副
①まったく（〜ない）。

打消を伴わない場合は、336「おほかた」は「名 普通 副 だいたい 接 そもそも」、337「さらに」は「そのうえ、さらに」、338「たえて」は「すっかり」という意味になるので注意。

340

つやつや（〜打消）

副

①まったく（〜ない）。

341

よに（〜打消）

［世に］ 副

①決して・少しも（〜ない）。

Point

339「つゆ」は「ご事情はつゆ知らず、失礼しました」などと使われる現代語と同じ意味。341「よに」は、打消を伴わない場合、「非常に」という意味になり、「世にもおそろしい」など、現代でも使われている。

#否定・禁止（部分否定）

342

をさをさ（〜打消）副

①ほとんど（〜ない）。

Point

342「をさをさ（〜打消）」は、完全否定ではなく、90%程度の否定を表す。打消を伴わない場合は「しっかりと」という意味。この意味から「をさをさし〔長長し〕形シク」は「しっかりしている」という意味になる。

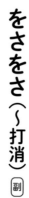

#否定・禁止（打消推量）

343

よも（〜打消推量）

副

①まさか・決して（〜ないだろう）。

343「よも（〜打消推量）」は、絶対とは言い切れないが、「まさか〜ないだろう」と推測する気持ちを表す。現代でも「よもやあの人ではあるまい」などと使われている。なお、打消推量の助動詞は「じ」であることが多い。

3 セットで覚える85語

#否定・禁止（禁止）

344

ゆめ（〜打消・禁止）

副

①まったく（〜ない）。
②決して（〜するな）。

345

な（〜そ）

副

①〜してくれるな。
②〜しないでほしい。

346

かまへて（〜打消・禁止）

［構へて］ 副

①決して（〜ない・するな）。

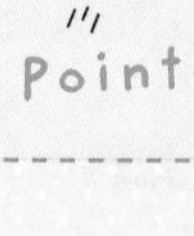

344「ゆめ（〜打消・禁止）」は、一緒に「ゆめゆめ（〜打消） 副（＝①まったく（〜ない）②決して（〜するな）」を覚えよう。346「かまへて」は「かまへて盗まむ（＝必ず盗もう）」など、意志の表現を伴うと「必ず」という意味になる。

否定・禁止（不可能）

347

え（〜打消）

副

①とても〜できない。

Point

347「え」は現代語の「得る（＝〇〇できる）」と同じ。「〇〇できる＋打消」＝「〇〇できない」となる。会話文中では「〇〇」に当たる語が省略されることもあるので注意して読もう。

第4章

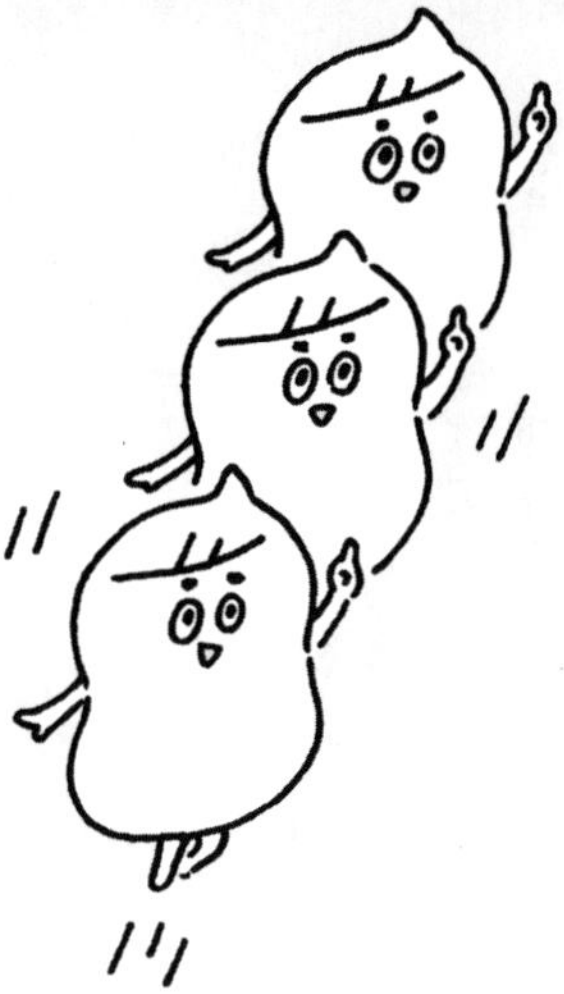

動きをおさえる38語

348

(〜)やる

[(〜)遣る] 動ラ四

ゆる語訳
向こうに行かせる

#動き

①行かせる。送る。

人をやり《向こうに行かせ》て見するに、おほかた逢《あ》へる者なし（徒然）

▼人を行かせて（様子を）見させるが、いっこうに（鬼に）会った者がいない

②気を晴らす。

酒飲みて心をやる《向こうに行かせる》にあにしかめやも（万葉）

▼酒を飲んで気を晴らすのにどうしてまさろうか、いや、まさりはしない

③遠くに〜する。

鳥辺野《とりべの》の方《かた》見やり《(視線を)向こうに行かせ》たるほどなど（源氏）

▼（火葬場のある）鳥辺野の方を遠くに見渡したときなど

Point

「派遣」などの現代語を思い浮かべよう。①の意味を土台に、「(イライラを)遠くに行かせる」➡「気を晴らす(②)」、「行かせた先まで動作が及ぶ」➡「遠くに〜する(③＝補助動詞)」とイメージする。

427 関

こころをやる

[心を遣る] 連

➲p236

①気を晴らす。心を慰める。

349

あく

［飽く］ 動カ四

ゆる語訳

もう十分

①十分に満足する。満ち足りる。

あはれ、いかで芋粥《いもがゆ》にあかん《もう十分》（宇治）

▼ああ、何とかして、芋粥に十分に満足したい

②飽きる。

世の中の憂《う》けくにあきぬ《もう十分》（古今）

▼この世のつらさに飽きた

＃動き

Point

漢字を確認しよう。「飽き飽き」するほど十分に満足するという意味。十分に満足しすぎると、それ以上欲しくなくなるのは現代でも古文の世界でも同じようで、現代語と同じ「飽きる」という意味②もある。なお、「動＋あく」の形だと、「十分に～する」という意味を作る補助動詞となるので、一緒に押さえておこう。

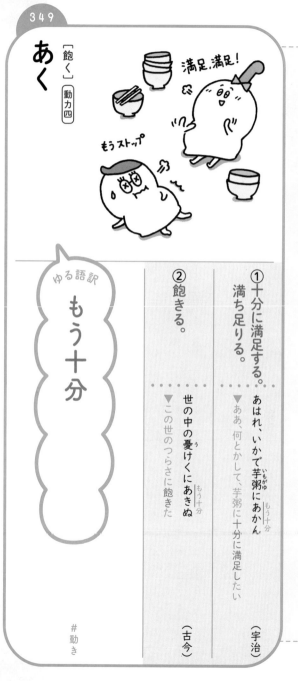

あくがる

［憧る］ 動ラ下二

ゆる語訳

ふらふらさまよう

#動き

①心が体から離れてさまよう。上の空になる。

物思ふ人の魂は、げに、あくがるる《ふらふらさまよう》物になむありける　（源氏）

▼思い悩む人の魂は、なるほど、体から離れてさまようものであったのだなあ

②さまよい歩く。

いさよふ月に、ゆくりなくあくがれ《ふらふらさまよう》むことを　（源氏）

▼沈むのをためらいがちな月に（誘われて）、不意にどこともなくさまよい歩くようなことを

③疎遠になる。

御仲もあくがれ《（心が）ふらふらさまよっ》て、程経《へ》にけれど　（源氏）

▼ご夫婦の仲も疎遠になって、月日がたってしまったけれど

Point

「あくがる」の「がる」は359「かる［離る］」（＝離れる）」の意味。「いろいろなものが、あるべき場所から離れて【ふらふらさまよう】」というイメージで覚えよう。それぞれ、「心が、あるべき自分の体から離れてさまよう」➡「上の空になる（①）」、「体が、あるべき場所から離れる」➡「さまよい歩く（②）」、「心が、親しくしていた人の心と離れる」➡「疎遠になる（③）」、となる。

あり

［有り・在り］ 動ラ変

Point

基本的には現代語の「ある」と同じ意味と考えてＯＫ。多義語なので、他にも「優れた部分がある」「行われる」という意味ももつ。補助動詞として使われる場合は「①〜である。②〜の状態にある。③〜てある」という意味。こちらも現代語の補助動詞「ある」と同じ働きをするものが多いので、両方をしっかりと押さえておこう。

①ある。いる。

今は昔、竹取の翁《おきな》といふ者あり《あっ》けり （竹取）

▼今となってはもう昔のことであるが、竹取の翁という人がいたということだ

②無事でいる。住む。

わが思ふ人はあり《(無事に)ある》やなしや （伊勢）

▼私の思う人は無事でいるのかいないのか

ゆる語訳

ある

#動き

いぬ

［往ぬ・去ぬ］ 動ナ変

ゆる語訳

行っちゃった

#動き

①行ってしまう。

河内《かふち》へいぬる《行っちゃった》顔にて見れば　（伊勢）

▼河内へ行ってしまうふりをして見ると

②（時が）過ぎる。

相見《あひ》ては千年《ちとせ》やいぬる《（時が）行っちゃった》否をかも　（万葉）

▼会ってから千年も過ぎたであろうか、いや違うであろうか

Point

「いぬ」は、対象が人だと①の意味に、対象が時間だと②の意味になる、というイメージで覚えればＯＫ。人にしても時間にしても、【行っちゃった】ということ。「（天国へ）行っちゃった」➡「死ぬ」という意味を婉曲的に表現する場合もあるので注意。また、ナ行変格活用する動詞は、「死ぬ」と「いぬ」だけなので、その点も覚えておこう。

353

う

［得］ 動ア下二

①手に入れる。

いかで、このかぐや姫をえて《ゲット》しがな　（竹取）

▼どうにかしてこのかぐや姫を手に入れたいものだなあ

ゆる語訳

ゲット！

#動き

Point

漢字から、「得る」「得意」「会得」などの現代語を思い浮かべよう。男性が意中の女性を妻にする、という文脈で使われることが多い。「意を得」「心を得」などの形で「理解する」という意味にもなる。現代語の「意を得る（＝納得する）」「心得る（＝事情を理解する）」と同じ意味と使い方になるので、そのまま覚えればOK。補助動詞として使われる場合は「動＋う」で「～することができる」という意味になる。

おきつ

［掟つ］ 動タ下二

ゆる語訳

決めとく

#動き

①前もって決めておく。

仏などのおきて《決めとき》給《たま》へる身なるべし （源氏）

▼仏様などがあらかじめ決めておきなさったわが身なのだろう

②指図する。

人をおきてて《決め(て指図し)》、高き木にのぼせて （徒然）

▼人を指図して、高い木に登らせて

Point

①の「前もって決めておく」という意味を土台に、「他人がやるべきことを前もって決めておく」➡「指図する（②）」の意味をイメージしよう。自分に関することを前もって決めておくのは立派だけれど、他人の行動まで決めておくのは「指図」や「命令」だ、と古文の世界でも思われていたらしい。

355

(〜)おこす

[(〜)遣す] 動サ下二

①寄こす。

②こちらへ〜する。こちらを〜する。

おこせ《こっちへ!》た《き》る者は「よき馬」とぞ言ひたる　(今昔)

▼寄こしてきた者は「よい馬だ」と言っていた

月の出《い》でたらむ夜は、見おこせ《こっちへ!》給《たま》へ　(竹取)

▼月の出ているような夜は、こちらを見てください

ゆる語訳

こっちへ!

#動き

Point

現代語の「寄こす」のもとになった言葉。向こうからこちらへ物事を移動させるイメージなので、対義語の348「やる」と一緒にしっかり押さえておこう。②は補助動詞として「動+おこす」の形。

対 348

(〜)やる

[(〜)遣る] 動ラ四

➔p194

①行かせる。送る。
②気を晴らす。
③遠くに〜する。

356

おとなふ

［音なふ・訪ふ］ 動ハ四

ゆる語訳

音を立てて訪れる

#動き

①音を立てる。

つゆおとなふ《音を立てて訪れる》ものなし（徒然）

▼まったく音をたてるものはない

②訪問する。

古《ふ》りにたるあたりとておとなひ《音を立てて訪れる》聞こゆる人も（源氏）

▼時代に取り残された所だというので、お訪ね申し上げる人も

Point

漢字の「音」を動詞にした語。①の「単に音を立てる」という意味をもとに、「訪れたことを音を立てて知らせる」というイメージから、②の意味もできた。「手紙を出す」という意味もある。

243 類

とぶらふ

［訪ふ］ 動ハ四

➲p155

①訪れる。

②見舞う。弔問する。

357

おぼゆ

［覚ゆ］ 動ヤ下二

Point

「おもふ（＝考える）」という語に受身・自発・可能の助動詞「ゆ」がついてできた語。「自発」なので、①②の意味は「自然に」という意味を含んでいることに注意。

自然と【思い出しちゃう】ということ。他動詞として使われる場合は「①思い出す。②思い出し、語る」という意味になる。

ゆる語訳

思い出しちゃう

①思われる。

心あらん友もがなと、都恋しうおぼゆれ《思い出しちゃう》 （徒然）

▼情趣を解するような友がいたらなあと、（そういう友のいる）都が恋しく思われる

②思い出される。

昔おぼゆる《思い出しちゃう》花橘《はなたちばな》 （源氏）

▼昔のことが思い出されるたちばなの花

③似る。

少しおぼえたる《思い出しちゃう（ほど似ている）》ところあれば （源氏）

▼少し似ているところがあるので

#動き

358

おもひやる

［思ひ遣る］ 動ラ四

ゆる語訳
思いをはせる

#動き

①心を慰める。思いを晴らす。

わが背子を見つつしをればおもひやる《思いをはせる》こともありしを （万葉）

▼あなたにお会いしているので心を慰めることもあったが

②はるかに思う。

その河のほとりに群れゐておもひやれ《思いをはせる》ば （伊勢）

▼その川のほとりに群がり集まって座って都のことをはるかに思うと

Point

漢字から、「思い」を「遣る（＝行かせる）」という意味であることを押さえよう。「つらい思いをどこかへ行かせる」⬇「心を慰める（①）」。「思いをどこかに行かせる」⬇「はるかに思う（②）」と、それぞれの意味をイメージして捉える。現代の「思いやり（＝同情）」とは意味が異なるので、注意。

359

かる

［離る］ 動ラ下二

ゆる語訳

離れる

①離れる。うとくなる。

年ごろの蓬生《よもぎふ》をかれ《離れ》なむも （源氏）

▼長年住み慣れたこの荒れた屋敷を離れてしまうのも

#動き

Point

漢字を確認すると、「離れる」という意味がわかりやすい。離れる対象が心だと、「心が離れる」➡「疎遠になる」という意味になる。この意味で使われるときは、男女の仲を指すことが多い。

同 360

かる

［駆る］ 動ラ四

①追い立てる。
②（馬や車を）走らせる。
③無理にさせる。

361

かる

［涸る・乾る／枯る］ 動ラ下二

ゆる語訳
枯れる

#動き

①（水が）干上がる。

水はかれ《枯れ》なむ　（万葉）

▼水は干上がってほしい

②（植物が）枯れる。（動物が）死んでひからびる。

すぎにしかた恋しきもの、かれ《枯れ》たる葵《あふひ》　（枕）

▼過ぎ去ったころが恋しいもの、枯れたあおい

Point

「水がかれる」⬇「水が干上がる」⬇「植物が枯れて動物がひからびる」というイメージを押さえておこう。和歌では「枯《か》る（＝枯れる）」と「離《か》る（＝離れる）」とが掛詞になることが多いので、これも覚えておけばばっちり。その他、「刈る」「狩る」「借る」などの同訓異字も要チェック。すべて現代語と同じ意味なので、漢字から判断しよう。

362

きょうず

〔興ず〕 動サ変

ゆる語訳

興味をもつ

\# 動き

① おもしろがる。

きょうずる《興味をもつ》さまもなほざりなり （徒然）

▼おもしろがるさまもあっさりしている

Point

漢字から「興味」などの現代語を思い浮かべるとよい。古文の世界での「おもしろい」は、腹をかかえて笑うという意味ではなく「趣深い」という意味で使われることが多いので注意。

対 363

きょうなし

〔興無し〕 形ク

① おもしろみがない。

ぐす

［具す］ 動サ変

ゆる語訳

いつもいっしょ！

#動き

①備わる。

人ざま容貌《かたち》など、いとかくしもぐし《いつもいっしょ！》たらむとは（源氏）

▼人柄や顔かたちなど、たいそうこれほどにも備わっているとは

②一緒に行く。

この在《ざい》次《じ》君《ぎみ》の、ひと所にぐし《いつもいっしょ！》て（大和）

▼この在次君が、同じ場所に一緒に行って

Point

「具」はもともと「食物を乗せる器」の意味で、そこから、「食物をあらかじめ置いておく」⬇「備わる。備える（①）」という意味になった。さらにそこから、「（備えとして）一緒に行く（②）」という意味でも多く使われるようになった。どちらの意味にせよ、【いつもいっしょ！】というニュアンスで覚えておけばOK。「夫婦となって暮らす」という意味もある。

365

さる
［去る］ 動ラ四

Point

もとの意味は、「ある時点や場所から移動する」というもの。「世をさる」の形で「出家する。死ぬ」という意味にもなる。

ゆる語訳
移動する

①なる。来る。

夕されば〔(時間が)移動する〕門田《かどた》の稲葉おとづれて （金葉）

▼夕方になると、門前の田の稲の葉にさやさやと音を立てて

②離れて行く。

所をさり〔移動し〕て呼び入れ侍《はべ》りにき （徒然）

▼そこを離れて行って(私も)呼び入れました

#動き

同 366

さる(ざる)
［戯る］ 動ラ下二

①はしゃぐ。
②気が利く。
③色気がある。

367

さる

［避る］ 動ラ四

ゆる語訳

回避！

① 避ける。譲る。

えさらぬ事のみいとどかさなりて　（徒然）
（さら：回避！）

▼避けられない用事ばかりがいっそう重なって

＃動き

Point

「去る」は「離れて行く（①）」という意味で、それをもっと積極的にしたイメージが「避る」。200「さらぬわかれ 連（＝死別）」も一緒に覚えよう。

368 同

さる

［然る］ 連体

① そのような。
② 相当な。立派な。
③ しかじかの。

しのぶ

［忍ぶ］ 動バ上二 動バ四

ゆる語訳

がまんがまん…

①こらえる。我慢する。

しのぶるに《がまんがまん…している》なむありける　（大和）

▼我慢しているのであった

②包み隠す。

しのぶる《がまんがまん…する》やうこそは　（源氏）

▼包み隠すにはわけが（あるのだろう）と

#動き

Point

漢字から、「忍耐」「忍者」などの現代語を思い浮かべるとよい。②の場合は、恋人との逢瀬《おうせ》や恋心自体を他人に気づかれないようにする、という文脈で使われることが多い。男女が顔を見合わせて恋愛が始まる現代とは違い、「通い婚」が基本だった古文の世界では、現代よりも「しのぶ」恋が多そうだ。181「しのぶ［偲ぶ］」（＝①慕う②賞賛する）との使い分けに注意。

そばむ

［側む］ 動マ四

ゆる語訳

ぷいっ

#動き

① 横を向く。

そばみ《ぷいっとし》てあれば、顔は見えず　（落窪）

▼横を向いているので、顔は見えない

② 知らないふりをする。

わが仲はそばみぬる《ぷいっとする》かと思ふまで　（蜻蛉）

▼私との仲は知らないふりをするようになってしまったかと思うまでに

Point

「側」は古文では「横」のこと。顔を「横」に向けることから、「そばむ」という動詞が生まれた。現代でも「メモ」という名詞から「メモる」という動詞が生まれているのと同じように、名詞が動詞化してできた言葉。なお、マ行下二段活用の他動詞の場合は「①（顔を）横に向ける ②（目を）そむける。」という意味になる。「そばめ［側目］名」は「横顔」という意味。

371

たばかる

［謀る］ 動ラ四

Point

漢字を確認しよう。「謀」は、「はかりごと」という意味。「おのれ！　たばかったな！」などというせりふを時代劇などで聞いたことがある人もいるはず。これは①の意味。②には①のような悪意はなく、ひたすら計画し、考えをめぐらし、工夫する、というニュアンスなので注意しよう。

ゆる語訳

たくらむ

①欺く。たくらむ。

倶梨迦羅《くりから》が谷へ追ひ落とさうどたばかり《たくらん》けるを　（平家）

▼倶梨迦羅が谷へ追い落とそうとたくらんでいたのを

②工夫する。

子安貝取らむと思《おぼ》しめさば、たばかり《たくらみ》申さむ　（竹取）

▼子安貝を取ろうとお思いならば、工夫をこらし申し上げよう

#動き

372

ときめく

［時めく］ 動カ四

ゆる語訳

推される

#動き

①時流に乗って栄える。もてはやされる。

師走《しはす》のつごもりのみときめき《推され》て（枕）

▼（正月の飾りに使うゆずり葉は）十二月の末だけもてはやされて

②寵愛《ちょうあい》（＝非常にかわいがること）を受ける。

すぐれてときめき《推され》給《たま》ふありけり（源氏）

▼際だって（帝の）寵愛を受けて栄えていらっしゃる方があった

Point

現代語の「ときめく（＝胸がどきどきする）」と混同しないように注意。「時の人になる」というイメージ。①は時代の流行りに乗って【推され】て時の人になることで、②は偉い人に【推され】て時の人になること。女性が主語だと②の意味で使われることが多い。関連語として、139「おぼえ［覚え］」名（＝②寵愛。この意味の場合、「御覚え」となることが多い。）も覚えておくとよい。

373

まどふ

［惑ふ］ 動ハ四

Point

心が動揺して、おろおろしている状態が土台にある。①の意味は、物理的に道に迷っている場合と、精神的に迷い思い悩んでいる意味との両方で使われるので注意。「動＋まどふ」のように、補助動詞として使われる場合は「ひどく〜する」という意味になる（例あわてまどひて➡ひどく慌てて）。

ゆる語訳

ジタバタする

①迷う。

道知れる人もなくて、まどひ《ジタバタし》行きけり　（伊勢）

▼道を知っている人もいなくて、迷いながら行った

②慌てる。

血の涙を流してまどへ《ジタバタする》ど、かひなし　（竹取）

▼深く悲しんで血が出るほどの涙を流して慌てるが、どうしようもない

#動き

まもる

［守る］ 動ラ四

ゆる語訳

みまもる

#動き

①じっと見つめる。

ねぢ寄り立ち寄り、あからめもせずまもりて《みまもっ》　（徒然）

▼にじり寄って近寄り、わき見もしないで見つめて

②警戒する。見張る。

よくまもりて《みまもっ》十五日までさぶらへ　（枕）

▼よく見張って十五日まで（この雪を）残しておいてくれ

Point

語源は「目守《まも》る」で、目を離さずに【みまもる】という意味。もともとは、現代語の「守る」のようなニュアンスはなかったが、見ていると自然に体が動いてしまうのは今も昔も変わらないのか、じっと見つめているだけの①の意味から、②の意味にも転じるようになった。

375

みいだす

［見出だす］ 動サ四

ゆる語訳

外を見る

① 中から外を見る。ながめやる。

外《と》の方《かた》をみいだし《外を見》て臥《ふ》せるに　（伊勢）

▼外の方をながめやって、横になっていると

#動き

Point

古文中に「みいだす」という語が出てきたら、「中から外を見る」という意味であることが多い。ただ外を見ているだけの行動で、現代語の「見出す」のような深い意味は特にない。

対 376

みいる

［見入る］ 動ラ下二

① 外から中を見る。のぞき込む。

みゆ

［見ゆ］ 動ヤ下二

ゆる語訳
目に飛び込んでくる

#動き

①見える。

梅の花吾家《わぎへ》の園に咲きて散るみゆ《目に飛び込んでくる》 （万葉）

▼梅の花がわが家の庭園に咲いて散るのが見える

②（姿が）現れる。

みえば《目に飛び込んでき》笑はむ （枕）

▼現れたら笑ってやろう

③（人から）見られる。

大将にみえ給《たま》ふな《（大将の）目に飛び込んでき》 （源氏）

▼夕霧大将に見られなさるな

Point

現代語の「見る」とは違って、「自然に【目に飛び込んでくる】」というのが、①の意味。意識して見ようとしているのではなく、勝手に目に入る、ということ。また、③の意味から派生して、「対面する」➡「結婚する」という意味でも使われる。当時は、深い仲ではない男女が顔を突き合わせることはあまりなかったので、「見る＝対面」➡「結婚」、とイメージできるようにしよう。

ものす

［物す］ 動サ変

Point

英語でいう「Do」を思い浮かべよう。この語が古文中に出てきたら、文脈をしっかりチェックして「○○する」の○○に当たる語を押さえる。「○○」には、「書く」「食べる」「飲む」「行く」「来る」「ある」「いる」など、日常生活で頻繁に行われる動作が当てはまる。

ゆる語訳

Do（ドゥー）

① （何かを）する。

物ものし《Do》給《たま》ばで （土佐）

▼何も飲んだり食べたりしなさらないで

#動き

やすらふ

［休らふ］ 動ハ四

ゆる語訳
ストップする

＃動き

①ためらう。

やすらは《ストップせ》で寝なましものを（後拾遺）

▼ためらわずに寝てしまったでしょうに

②立ち止まる。

やすらはせ《ストップし》給《たま》ふに（枕）

▼立ち止まっておいでになると

③休む。

岩に腰かけて、しばしやすらふ《ストップする》ほど（奥の細道）

▼岩に腰をかけて、しばらく休むうちに

Point

現代語の「休む」と同じ意味（③）もあるが、注意すべきは①②の意味。じっと同じ場所にとどまるというニュアンスを押さえて、「同じ場所にいる」➡「（進むのを）ためらう（①）」、「同じ場所にいる」➡「立ち止まる（②）」、というそれぞれの意味を確認しよう。いずれにしても、自身の動きを【ストップ】させていることを押さえておけばOK。

やる

［破る］ 動ラ四

ゆる語訳

破る

①破る。ひきさく。

とまれかうまれ、とくやり《破っ》てむ （土佐）

▼とにかく、早く破ってしまおう

#動き

Point

漢字を確認すると「やぶる」という意味であることがわかりやすい。下二段活用だと「やぶれる」という意味になるので、注意すること。

同 348

(〜)やる

［(〜)遣る］ 動ラ四

➔p194

①行かせる。送る。
②気を晴らす。
③遠くに〜する。

わく

［分く・別く］ 動カ四

ゆる語訳

分ける

#動き

①区別する。分ける。

いづれを梅とわき《分け》て折らまし　（古今）

▼（雪が降ったら）いったいどれを梅の木だとして他の木と区別して折ったらよいものだろう

②判断する。

めぐり逢《あ》ひて見しやそれともわか《分け》ぬ間に　（新古今）

▼めぐり逢って、見たのはそれかどうかも判断できないうちに

Point

①は現代語の「分ける」と同じような意味。「（物を）区別して分ける」➡「判断する（②）」というニュアンスでしっかり押さえよう。他動詞だと下二段活用になり、「物を分配する」という意味になる。

382 関

わかち

［分かち］ 名

①区別。②分別。③事情。

383

わたる

［渡る］ 動ラ四

Point

①は、「行く」と「来る」の対義的な意味の両方があることになるものの、広い意味で「移動すること」を表す語だということを押さえればイメージしやすい。空間的な移動から、時間的な移動をも意味するようになり、②の意味になっている。男性が女性のもとに通う、という意味でも使われる。なお、「動＋わたる」の形で補助動詞となると、「ずっと〜し続ける」「広く〜する」という意味になる。

ゆる語訳

行ったり来たり

①行く。来る。

ちご遊ばする所のまへわたる《行ったり来たり》（枕）

▼赤ん坊を遊ばせている前を行くの（は心がどきどきする）

②月日が過ぎる。

日を消《せう》し、月をわたりて《（時間を）行ったり来たり》一生を送る（徒然）

▼一日を無駄に過ごし、ひと月を無駄に過ごして一生を送るのは

③（「せ給《たま》ふ」と共に用いて）いらっしゃる。

あまたわたらせ給《たま》ひ候《さぶら》ふなる（平家）

▼大勢いらっしゃいますそうです

#動き

384

ゐる

［居る］ 動ワ上一

ゆる語訳

じっとする

#動き

①座る。

その沢のほとりの木の陰に下りゐ《じっとし》て （伊勢）

▼その沢のほとりの木の陰に、馬から降りて座って

②とまる。

鳶《とび》ゐ《じっと》させじとて縄を張られたりけるを （徒然）

▼鳶をとまらせまいとして縄をお張りになっていたのを

Point

じっと動かないで、特定の場所に長時間とどまることを表す。「動＋ゐる」の形の補助動詞では、「ずっと～している」という意味になる。

385 同

ゐる

［率る］ 動ワ上一

①引き連れる。
②持参する。

第5章

古文を深める58語

副詞

386 **おのづから** ［自ら］ 副

①たまたま。②自然に。
③【下に仮定表現を伴って】もし。

387 **かつ** ［且つ］ 副

①一方では。
②つぎつぎに。

388 **かねて** ［予ねて］ 副

①前もって。

389 **かまへて** ［構へて］ 副

①注意して。
②【下に禁止表現を伴って】決して（〜ない）。

Point

387「かつ」の①は「かつ〜、かつ〜」のようにも使う。388「かねて」は「日数を表す語＋かね＋て（連）」で、「○日前に」の意味になる。389「かまへて」は、現在も使われる「心がまえ」のように、「十分に気を配る」というニュアンス。

390 げに ［実に］ 副
①現実に。実際に。
②なるほど。その通り。

391 さて ［然て］ 副
①そのままで。
②その他。

392 さながら ［然ながら］ 副
①そのまま。
②すべて。

393 さりとも ［然りとも］ 副
①いくらなんでも。

Point

391「さて」は、「さてもあるべきならず（連）（＝ずっとそのままではいられない）」の形で使われることが多い。

392「さながら（～打消）」は「まったく（～ない）」の意味に、「さながら（～比況）」は「まるで（～）」の意味になる。

394 **しかしながら**
［然しながら］ 副
①すべて。ことごとく。

395 **せめて**
［迫めて・責めて］ 副
①しいて。無理に。
②非常に。ひどく。

396 **つくづくと**
副
①しんみりと。
②じっくりと。

397 **とかく**
副
①あれこれと。

Point

394「しかしながら」は、現代語とは異なる意味。395「せめて」は、漢字から「迫るように、責めるように物事を要求し、成し遂げる様子（①）」と捉える。397「とかく」は307「と 副」＋308「かく 副」。

398
なべて
［並べて］副
①一般に。総じて。
②一面に。

399
なほ
［猶・尚］副
①やはり。
②もっと。

400
はた
［将］副
①さらにまた。
②ひょっとして。

401
はやく
［早く］副
①以前。
②すでに。

398「なべて」は、ずらっと広く並べてざっと見ているイメージ。399「なほ」は、否定されかけていることを改めて評価して「やはり」という気持ち（①）。②は「早朝はなおつらい」などのように現代でも使われる意味。

402
わざと
［態と］副
①わざわざ。
②ことさら。特別に。

403
やをら
副
①ゆっくり。
②そっと。

404
をりふし
［折節］副
①その時々。
②ちょうどその時。

405
など
［何ど］副
①【疑問・反語】どうして・なぜ。

406
なでふ
［何でふ］副 連体
①【副】【疑問・反語】なぜ。
②【連体】なんという。

Point
404「をりふし」は、「をり」も「ふし」も「その時」という意味。同じ意味の語を重ねて「その時々」や「ちょうどその時」となった。405「など」は付属語の場合は助詞。406「なでふ」は、「なにといふ」が変化してできた語。

#感動詞・接続詞

407
いざ
感動

①さあ!

408
いさ
感動 副

①【感動】さあ?
②【副】(下に「知らず」などを伴って)さあ、どうだか。

409
さはれ(さばれ)
[然はれ(然ばれ)]
感動

①どうにでもなれ。

407「いざ」は、人を誘ったり、自分が行動を起こしたりするときに使う語。それに対して408「いさ」は、相手の質問にすぐに答えられないときに、ぼかしたり、受け流したりするときに使う。「いさ知らず」の形で使われることが多い。

410 あなかま 感動 ①しっ、静かに。

411 されど ［然れど］ 接続 ①そうではあるが。

412 されば ［然れば］ 接続 ①だから。

410「あなかま」は、「あな（＝ああ）」＋「かま（＝やかましい）」。関連語として、「かしかまし［囂し］ 形シク（＝やかましい）」や「かまびすし［囂し］ 形ク（＝やかましい）」を覚えておこう。

#連語

413
あへず
［敢へず］ 連
①たえきれない。
②〜しきれない。

414
さらぬ
［然らぬ］ 連
①違う。別の。

415
さりぬべき（さるべき）
［然りぬべき（然るべき）］ 連
①立派な。
②そうなるはずの。そうなる運命の。

416
さればこそ
［然ればこそ］ 連
①やっぱり。

Point

414「さらぬ」は「避らぬ（＝避けられない）」という連語もあるので、間違えないように注意。415「さりぬべき」の類義語である「しかるべき［然るべき］連（＝①ふさわしい②立派な③そういう運命の）」も押さえよう。

417

されば よ

[然ればよ] 連

① やっぱり。

418

けしうはあらず

[異(怪)しうはあらず] 連

① 悪くはない。

419

けしからず

[異(怪)しからず] 連

① 異様だ。
② よくない。

420

ただならず

[徒ならず] 連

① 様子が普通でない。
②（子どもを）身ごもっている。

Point

418「けしうはあらず」は、「けし〔異し・怪し〕形シク（＝①変だ ②よくない）」の関連語。「けし」を「あらず」で打ち消すことで、「よくなくはない」➡「悪くはない」という意味になる。

421
かずならず
［数ならず］ 連
①取るに足らない。

422
なべてならず
［並べてならず］ 連
①格別だ。並ではない。

423
なのめならず
［斜めならず］ 連
①格別だ。並ではない。

424
ものもおぼえず
［物も覚えず］ 連
①どうしてよいかわからない。
②道理をわきまえない。

422「なべてならず」は、関連語398「なべて 副［並べて］（＝①総じて ②一面に）」も覚えておく。424「ものもおぼえず」は、何も考えられず、思考が停止しているような状態。分別もつかなくなるから、②の意味になったと考えよう。

425
なに（し）おふ
［名に（し）負ふ］ 連
①名としてもつ。
②有名だ。

426
ひとやりならず
［人遣りならず］ 連
①自分の意志でする。

427
こころをやる
［心を遣る］ 連
①気を晴らす。心を慰める。

428
ねをなく
［音を泣く］ 連
①声をあげて泣く。

425「なに（し）おふ」は、「名前をもっている人は、その名前に込められた意味を周囲から期待されている」という気持ちの表れ。「し」は強意の副助詞。428「ねをなく」の動詞形は「ねなく〔音泣く〕（＝声を上げて泣く）」。

429
おとにきく
［音に聞く］連
①うわさに聞く。

430
よのつねなり
［世の常なり］連
①普通である。
②月並みの表現である。

431
れいの
［例の］連
①いつものように。
②いつもの。

432
いざたまへ
［いざ給へ］連
①さあ、（一緒に）いらっしゃい

Point

429「おとにきく」の「おと」は、「うわさ・評判」という意味。432「いざたまへ」は相手を誘うなどするときに使う語。407「いざ（感動）」に尊敬の補助動詞「たまふ」の命令形がついた形で、敬意が込められている。

＃その他

433
~(を)…み
接尾
①～が…ので。

434
～がり
［～許］ 接尾
①～のもとへ（に）。

435
あへなし
［敢へ無し］ 形ク
①（今となっては）どうしようもない。

436
あらぬ
連体
①違う。別の。

Point

434「～がり」は、居場所を示すとともに、そこが目的地ということを表す。移動を意味する動詞（「行く」「遣る」など）と一緒に使われる。「～のがり」の形も多い。436「あらぬ」は動詞「あり」に打消の助動詞がついた語。

437

いづく

［何処］代

①どこ。どちら。

438

いたし

［痛し・甚し］形ク

①甚だしい。

②立派である。すばらしい。

439

させる

連体

①（下に打消の語を伴って）これというほどの。

437「いづく」は現代語の「いずこ」と同じ意味である。438「いたし」は、良くも悪くも、強い刺激を受けたときの程度がはなはだしいこと。「痛し」の漢字を当てる場合は、現代語と同様に「痛い」という意味になる。

440
さすがなり
［流石なり］ 形動ナリ
①そうはいってもやはり〜だ。

441
すずろなり（そぞろなり）
［漫ろなり］ 形動ナリ
①わけもない。
②予想外である。

442
とみなり
［頓なり］ 形動ナリ
①急である。

443
みそかなり
［密かなり］ 形動ナリ
①こっそり。

Point

441「すずろなり」は、はっきりとした目的も理由もないのに、なんとなく物事が進んでいく様子を表す。「すずろに」の形で「やたらに」という意味もある。442「とみなり」は、関連語「とみに 副 (＝すぐに)」も覚えておこう。

第6章

これで古文マスター！敬語33語

#尊敬語

444　あそばす

〔遊ばす〕 動サ四

①【「遊ぶ」の尊敬語】
（音楽・詩歌などを）なさる。
②【「～す」の尊敬語】～なさる。

445　おはします

〔御座します〕 動サ四

①【「あり」「行く」「来」の尊敬語】
いらっしゃる。
②【尊敬の補助動詞】～ていらっしゃる。

446　おはす

〔御座す〕 動サ変

①【「あり」「行く」「来」の尊敬語】
いらっしゃる。
②【尊敬の補助動詞】～ていらっしゃる。

447　おぼす

〔思す〕 動サ四

①【「思ふ」の尊敬語】お思いになる。

Point

444の「あそばす」は日常会話では使われないものの、「ごめんあそばせ」などのせりふ（遊ばせ言葉）は女性言葉として小説などで用いられている。この場合の「あそばす」は②と同じ意味。

448
おぼしめす
［思し召す］ 動サ四
①【「思ふ」の尊敬語】お思いになる。

449
おほす
［仰す］ 動サ下二
①【「言ふ」の尊敬語】おっしゃる。

450
きこしめす
［聞こし召す］ 動サ四
①【「聞く」の尊敬語】お聞きになる。
②【「食ふ」「飲む」の尊敬語】召し上がる。

451
ごらんず
［御覧ず］ 動サ変
①【「見る」の尊敬語】ご覧になる。

450「きこしめす」は、相手に対して強い尊敬の気持ちを表す最高敬語。天皇や中宮などに対して使われる。話を聞いている場面なら①の意味、食事をしている場面なら②の意味になる。

452

おほとのごもる

［大殿籠る］ 動ラ四

①【「寝《ぬ》」「寝《い》ぬ」の尊敬語】おやすみになる。

453

しろしめす

［知ろし召す・領ろし召す］ 動サ四

①【「知る」の尊敬語】ご存じである。

②【「領る」の尊敬語】お治めになる。

454

たまふ

［給ふ・賜ふ］ 動ハ四

①【「与ふ」「授く」の尊敬語】お与えになる。

②【尊敬の補助動詞】お～なさる。

455

たまはす

［賜はす］ 動サ下二

①【「与ふ」の尊敬語】お与えになる。

454「たまふ」は四段活用だと尊敬語、466「たまふ」のように下二段活用だと謙譲語となるので注意。動詞の活用を見極めよう。また、455「たまはす」は、454「たまふ」よりも高い敬意を表すことも覚えておこう。

456
つかはす
［遣はす］ 動サ四

①【「遣る」の尊敬語】おやりになる。
②【「与ふ」「贈る」の尊敬語】お与えになる。

457
のたまふ
［宣ふ］ 動ハ四

①【「言ふ」の尊敬語】おっしゃる。

458
のたまはす
［宣はす］ 動サ下二

①【「言ふ」の尊敬語】おっしゃる。

459
めす
［召す］ 動サ四

①【「呼ぶ」の尊敬語】お呼びになる。
②【「食ふ」「飲む」の尊敬語】召し上がる。

Point

457「のたまふ」と458「のたまはす」は、意味が同じでも、「のたまはす」の方が敬意が高いので注意する。また、459「めす」は「乗る」「着る」の尊敬語になる場合もある。

#謙譲語

460
うけたまはる
［承る］動ラ四
①【「受く」の謙譲語】いただく。
②【「聞く」の謙譲語】うかがう。

461
きこえさす
［聞こえさす］動サ下二
①【「言ふ」の謙譲語】申し上げる。
②【謙譲の補助動詞】お〜し申し上げる。

462
きこゆ
［聞こゆ］動ヤ下二
①【「言ふ」の謙譲語】申し上げる。
②【謙譲の補助動詞】お〜し申し上げる。

463
けいす
［啓す］動サ変
①【「言ふ」の謙譲語】
（皇后・皇太子などに）申し上げる。

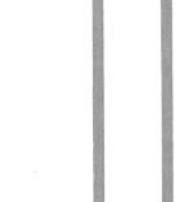

Point
462「きこゆ」は「高貴な人の耳に自然に入る」ことから、「言ふ」の謙譲語になった。また、148「きこゆ」のように一般動詞の意味もある。461「きこえさす」は、「きこゆ」よりも強く敬う気持ちを表している。

464

そうす

［奏す］ 動サ変

①【「言ふ」の謙譲語】
（天皇・上皇などに）申し上げる。

うんうん
恐れ入ります
あの〜〜

Point

464「そうす」は、天皇・上皇・法皇に対して言う場合にのみ使われ、463「けいす」は、天皇以外の皇族（皇后・皇太子など）に対して言うときに使われる。言う相手によって使い分けられているので気をつけよう。

465
たてまつる
［奉る］ 動ラ四
①【「与ふ」の謙譲語】差し上げる。
②【謙譲の補助動詞】お〜し申し上げる。

466
たまふ
［賜ふ・給ふ］ 動ハ下二
①【謙譲の補助動詞】〜させていただく。

467
たまはる
［賜る］ 動ラ四
①【「受く」の謙譲語】いただく。
②【「与ふ」の尊敬語】お与えになる。

468
つかうまつる
［仕う奉る］ 動ラ四
①【「仕ふ」の謙譲語】お仕え申し上げる。
②【謙譲の補助動詞】お〜し申し上げる。

Point

465「たてまつる」には、謙譲の意味だけでなく、「食ふ」「飲む」「着る」の尊敬語の意味もあるので要注意。466「たまふ」は454尊敬語の「たまふ」にも注意。467「たまはる」は謙譲語（①）と尊敬語（②）の意味がある。

469 **まうす** ［申す］ 動サ四
① 【「言ふ」の謙譲語】申し上げる。
② 【謙譲の補助動詞】お〜し申し上げる。

470 **まうづ** ［参づ・詣づ］ 動ダ下二
① 【「行く」の謙譲語】参上する。
② 参詣する。

471 **まかづ** ［罷づ］ 動ダ下二
① 【「退く」「去る」の謙譲語】退出する。
② 【「出《い》づ」の丁寧語】出かけます。

472 **まかる** ［罷る］ 動ラ四
①（高貴な人のもとから）退出する。
② 【「行く」の丁寧語】参ります。

470「まうづ」は、高貴な方の場所へ「参上する」という意味で、471「まかづ」472「まかる」は、高貴な人のもとから「退出する」という意味でよく使われる。まとめて覚えよう。「まかる」は②の丁寧語の意味も頻出。

473
まゐらす
［参らす］ 動サ下二
① 【「与ふ」の謙譲語】差し上げる。
② 【謙譲の補助動詞】お〜し申し上げる。

474
まゐる
［参る］ 動ラ四
① 【「行く」の謙譲語】参上する。
② 【「食ふ」「飲む」の尊敬語】召し上がる。

474「まゐる」には、謙譲語（①）と尊敬語（②）の意味だけでなく、「行く」「来」の丁寧語「参ります」の意味もある。①は470「まうづ 動（＝参上する）」とセットで覚えよう。

丁寧語

475
はべり
〔侍り〕 動ラ変
①【「あり」「をり」の丁寧語】 あります。おります。
②【「あり」「をり」の謙譲語】 お仕えする。

476
さぶらふ
〔侍ふ・候ふ〕 動ハ四
①【「あり」の丁寧語】 あります。おります。
②【謙譲語】 お仕え申し上げる。

Point

475「はべり」476「さぶらふ」は同じ意味をもつ語。どちらも、「〜です」「〜ます」と訳す丁寧の補助動詞の用法もある。

索　引

あ行

か行

さ行

た行

な行

は行

ま行

や行

イメージ記憶でスイスイ覚える
ゆる語訳古文単語

監修
富井健二

装丁・本文デザイン
あんバターオフィス

イラスト
いしやま暁子

企画編集
留森桃子

執筆・編集協力
株式会社カルチャー・プロ

校正
相澤尋　加藤陽子　佐藤玲子

データ作成
株式会社四国写研

印刷
株式会社リーブルテック